エピステミック劇場の観客

― 意識の宿るところ ―

八木 厚夫

東京図書出版

まえがき

「モノ（物質）に過ぎない私たちの脳と身体のシステム（脳神経系）にこころ（意識、精神）が宿るとはどのようなことか」という問いは17世紀のデカルト以来、多くの思想家や科学者により様々な議論がなされてきました。

議論の中には、私にこころ（意識、精神）が宿ることは自明《じめい》、すなわち説明するまでもなくそれ自体で明らかなので、それを問うことには意味がないとする根強い主張がありま す。読者の中にも、なぜこのような当たり前のことが真面目に議論されるのか不審に思う人が多いのではないのでしょうか。

本書では近年の神経科学や認知科学、あるいはＡＩ技術の急速な進展に伴い、人のこころ（意識、精神）の〝はたらき〟、すなわち思考や推論、意志や欲求、喜怒哀楽の感情や情念、共感や反省などの基盤が脳神経系の〝機能〟にあることがはっきりしてきたという状況に注目します。

このような状況が意味するところが正しければ、モノ（物質）に過ぎない脳神経系での出来事が、人の内面に意識として〝現れ来る（現象する）〟という、脳機能と意識をつなぐシナリオを描くことが可能になります。

このシナリオは、決して自明ではなく、その背後にはそれを成り立たせている構造や、何らかの法則的しくみがあるはずです。

意識が脳神経系の中で繰り広げられる様々な出来事を反映して人の内面に現れ来るだけのものなら、意識は能動的なものではなく受動的なものでしょう。はっきり言えば、意識は脳神経系の機能（思考や行動の選択など）には何ら影響を及ぼしません。しかしこのことは、「いま私は意識して考え、行動している」という人にとっては当たり前の自覚に反することは明らかです。また思考や行動に何らの影響も及ぼさない意識とは、人にとってどのような意味があるのでしょうか。

本書は一般読者向けの読み物で、専門的な解説書ではありません。そこでこれらの疑問を、最新の科学的知見から最もあり得ると思われるシナリオに基づいて、専門用語に頼らず解き明かしたいと思います。やむを得ず使用する専門用語には簡単な私見を加えました。

なお本書では、人にとって疑うことのできない経験的事実である意識について既知の物理法則の枠を超えた考察を試みます。しかしその結果が、私たちの常識の枠を大きく超えるものではないことは特筆すべきです。

たとえば、人の思考や行為選択は意識によってではなく、個々人の文化的背景や教育、日ごろの行動や他者とのコミュニケーションなどによって良くも悪くも支配されるという帰結は、私たちの日々の生活に新たな視点を開くことでしょう。

エピステミック劇場の観客◇目次

序　私たちの世界を形作る秩序

世界という言葉には「世界平和」などのように地球規模（グローバル）という意味や、「趣味の世界」など私たちの生活の場を表す意味があります。

一方、私たち自身の視点から外部と内部を区別して世界と呼ぶことがあります。私たちにとっての外部の世界は、自分の身体や目の前の机の上にあるケータイ、また人間社会や地球環境、太陽系や宇宙です。

外部の世界に対して、私たちにとっての内部の世界があります。それは感覚や感情、欲望や意志、思考や想像などのこころの世界です。言うまでもなく、私たちにとってこころの世界は外部の世界以上に身近なものです。

私たちは自分にこころがあることをよく知っていますが、こころが何かと尋ねられるとはっきり答えることができません。このため、こころは物質や科学とは異質な世界のものと考えられていますが、こころこそが自然科学の究極の未開拓分野ではないかと考える科学者も少なくありません。

私たちの外部と内部の世界が互いに関係していることは言うまでもありません。外部世界は感覚器官を通して内部のこころの世界にはたらきかけます。同時に内部のこころの世界で生じた出来事が発展し、行為を通して社会を形成し、また創造的な思考や行為は芸術・音楽・文学などの文化や、論理学・数学を基礎とする科学技術文明を形作ります。つまり内部のこころの世界が人間社会や文化・文明という外部世界を作り出し、その外部世界が再び私たち一人ひとりの内部のこころの世界にはたらきかけるという循環関係にあります。

私たちの外部と内部の世界が循環関係にあることから、これら二つの世界の背後にはそれらを成り立たせている何らかの統一的なしくみがあることが予想されます。この統一的なしくみとはどのようなものかを探ることが本書の動機であり目的です。

私たちの外部と内部の世界の背後でそれらを成り立たせている統一的なしくみとして先ず考えられるのが〝秩序（order）〟です。秩序には自然界の秩序だけでなく、人が作り出す社会的・文化的秩序があり、更には理性的な思考の形式にも秩序立った構造が見られます。

秩序は時に散逸（dissipation）によって乱され、乱雑さが増すことがあります。散逸というのは、例えば淹れたての熱いコーヒーが時間の経過とともに冷めて室温と同じ温度になるように、温度、圧力、電位、分子間結合力などの全ての物理現象が均一化へ向かうことです。

一方で、宇宙の塵から恒星が形成されるように、乱雑で無秩序な状態から秩序が形成されることもあります。このように私たちの外部と内部の世界を、散逸を含む秩序形成の歴史として捉えれば、次のようなストーリーを描くことができるでしょう。

(1) この自然界は時空の特異点から生起した。その生起の瞬間はプランクサイズ（10^{-34} cm程度）の無秩序できわめて対称性の高い世界だった。

(2) 時空の特異点から生起した世界はインフレーションによって急速に拡大し、その過程で対称性が破れて量子場の力がはたらき、物質的秩序の形成が始まった。

(3) 物質的秩序は銀河宇宙を形成し、その一隅を占める太陽系惑星のひとつである地球に前生命的な化学反応系の秩序が、さらにそこから数々の偶然を経て生命秩序が誕生した。

(4) 生命秩序は自己組織的に複雑化し、脳神経系を持つ生物に進化した。

(5) 脳神経系の機能が高度化・複雑化するに伴い、外部世界を観測する存在、すなわち内部世界を持つ人間を含む高等生物が出現し、その集団には社会的秩序が形成された。

このストーリーでは秩序形成のレベルに応じて、それぞれのレベルをもっともよく説明する素粒子物理学、宇宙論、熱力学、生化学、生命科学、神経科学、心理学、社会科学などの科学理論があり、それぞれのレベルに関する科学的知識は、より根源的なレベルの科学的知識によって〝説明されるはずだ〟という立場に立ちます。たとえ説明にギャップがあっても、そこに自然法則に反するような要素（たとえば魂や霊などの超自然的なものや、永久機関などの反自然的なもの）は存在しません。

つまりこのストーリーによれば、私たちの外部と内部の世界の背後にある秩序（order）

は自然科学的な法則によって支配されていることになります。

現在知られる最も基礎的な自然法則は数理学を基礎とする物理法則です。物理法則は物質的秩序だけでなく、生命秩序、脳神経系とそのはたらきを支配する基礎原理です。

なお、かつては荒唐無稽と考えられてきた多くの抽象的な理論を取り入れて物理学が発展してきたことから、物理法則には現在知られるものだけではなく、将来発見される新しい原理や未確認の法則を含めるべきでしょう。

それでは、私たちの内部世界であるこころの世界の秩序も物理法則によって支配されているのでしょうか。

こころの世界が物理法則の秩序に支配される脳神経系のはたらきと深く結びついていることは疑いありません。したがって、こころの世界も物理法則の秩序の範疇にあると考えても不自然ではないでしょう。

たとえば二重らせん構造の発見者のひとりでノーベル賞を受賞したクリックは、彼の著書『驚くべき仮説』に次のように書いています。

私の言う『驚くべき仮説』とは、あなた――つまりあなたの喜怒哀楽や記憶や希望、自己意識と自由意志など――が無数の神経細胞の集まりと、それに関連する分子の働き以上の何ものでもないという仮説である。

(Francis Harry Compton Crick, 1916–2004)

これは豊かで繊細にして自由なこころの世界は、物質や科学の世界の言葉で説明し尽くすことができないとしても、少なくとも物理法則の秩序の範疇にあるという、今日では物理主義と呼ばれる見解の代表的な例です。

近年、科学者の多くがこのような見解に理解を示す一方で、人間のこころを無味乾燥な物質や科学の世界の対象物として位置付けることには多くの人々の反発と嫌悪感があることも事実です。

こころの世界と物質や自然科学の世界を巡るこのような見解の差が何によるものか、もう少し詳しく考えてみましょう。そのためには、私たちがこころと呼ぶものの背後にある〝脳神経系のはたらき（機能）〟と〝意識（現象）〟という二重性（duality）を理解する必要があります。

この二重性に私たちが通常気づくことはありません。私たちが気づくのは脳神経系ではたらく認知や思考のはたらきではなく、そのはたらきの内容が私たちの内部に現れる（あるいは現象する）意識です。たとえば脳神経系における非言語的な知覚作用によって、〝赤さ〟や〝悲しみ〟、〝感動〟や〝共感〟など一般に感覚質（クオリア）と呼ばれるものとして意識に表れます。また脳神経系において言語化された思考（文章、会話、論理、数学など）の内容は表象として意識に表れます（表象という言葉の用法は後述）。この感覚質と表象は、共にこころに表れるかたち、すなわち心象（imagery）とも呼ばれます。

近年、脳科学や認知科学が発達し、脳神経系のはたらき（機能）の詳細が解明されるようになると、思考や行為の選択だけでなく、共感や利他行為、自覚や反省などの人間性の象徴ともされる特質までが脳神経系のはたらき（機能）とは切り離すことができないことが明らかになってきました。この意味では、クリックに代表される物理主義的な見解は正しいように思われます。

しかし脳神経系のはたらき（機能）はこころの世界の一面に過ぎません。こころの世界には意識という別の一面があります。意識は脳神経系のはたらき（機能）の内容が変容したもので、それは私たちの内部に〝現れる〟、あるいは〝現象する〟などの抽象的な言葉でしか語ることができません。

この抽象的な言葉でしか表現できない意識をより実感できるよい例が、伝統芸能の能にみられるワキの夢うつつの中に主人公のシテが「あらわれ来る」という設定でしょう。たとえば、世阿弥作『敦盛』には次の一節があります。

敦盛：いかに蓮生、敦盛こそ参りて候え。
蓮生：ふしぎやな、鳧鐘を鳴らし法事をなして、まどろむ隙もなきところに、敦盛の来り給ふぞや、さては夢にてあるやらん。
敦盛：何しに夢にてあるべきぞ、現の因果を晴らさんために、これまであらはれ来りたり。

ここで設定されるのは、意識して思い浮かべるのではなく受動的にこころに浮かんでくるという状況です。つまり意識は〝意識する〟ものではなく受動的に〝現れる、または現象する〟ものなのです。

また意識には際立った特徴があります。それは意識の内容（contents）、すなわち〝赤さ〟や〝2＋3＝5〟などの心象は、外部世界を正確に再現している（represent）ように見えますが、その表れ方（表現形式、mode）は意識に特異なもので、それに似たものは外部世界のどこにも見当たりません。

このため、私たちはこころの世界の一面である脳神経系のはたらき（機能）が物質や科学の世界に属することを納得する一方で、別の一面である意識は物質や科学の世界とは異質な世界（心的な世界）のものだと感じるのです。これがこころの世界そのものが物理法則の秩序によって支配されているという物理主義的な考えに多くの人が違和感を抱く原因になっているのでしょう。

なお意識の表れ方が物質や科学の世界のものとは異質なのは、心理的に〝そのように〟感じるだけで、物質や科学の世界を超え出たものではないとも考えられます。

しかし心理的に感じるとはどのようなことでしょうか。そもそも私たちの脳神経系で機能している内容（たとえ論理的思考であれ、錯覚や妄想の類いであれ）が、私たちの内部に意識として現れるとはどのようなことかという究極的な疑問が残ります。この疑問は決して自明（trivial）ではなく、現代の科学や哲学でも最終的な結論が得られていない難問のひとつです。

そこで、常識的な科学的考察の枠を超えたひとつの可能性として、この自然界には脳機能と現象（意識）を媒介する非物理的な法則的秩序が存在すると考えてみましょう。つまり、私たちの外部と内部の世界の背後にある統一的な法則的秩序を支配するのは物理法則だけではないと仮定します。

非物理的な法則によって現象する意識は非物理的な存在と考えられます。このように意識が非物理的な存在なら、意識の現れ方が物質や科学の世界とは異質なものに感じられることを説明できるかもしれませんが、はたして非物理的な存在が合理的な議論の対象となるかという問題があります。

しかし意識が私たちにとって疑うことのできない経験的事実であることを認める以上、

たとえそれが非物理的なものだとしても合理的議論の価値があるはずです。

本書ではこころの世界の秩序について、物質（あるいは物理法則の範疇にある事象）と現象（非物理法則の事象）という二つの視点を自己整合的（self-consistent）に、すなわち公理から演繹するのではなく、経験的事実と辻褄が合うように取り扱うという現実的（practical）な方法によって、私たちが生きる世界を統一的に把握できるような存在論的枠組みを描きたいと思います。これは経験的事実をもとに論理的証明のできない基本法則を予想する試みと言ってよいでしょう。

意識が非物理的な現象ならば、意識は脳神経系のはたらき（機能）に能動的にはたらきかけることがない受動的なものと考えられます。しかしこのことは、〝人は意識して思考し行動する〟という私たちの能動的な意図や意志、欲求などに関わる常識に反するように思われます。

この点について本書は、私たちの意識した考えや振る舞いだけでなく、共感や利他行為、自覚や反省までもが、すべて脳神経系のはたらき（機能）で尽くされるという立場に立ちます。この脳神経系で機能する内容が変容して意識に現れるのです。

そのため脳の機能的なはたらきに多くのページを割きますが、現時点ではそのミクロなメカニズムは十分に解明されているわけではありません。そこで脳の機能的なはたらきを、

①概念の形成
②形成された概念の操作による思考と行為選択
③思考と行為選択における仮想的な規範体系
④主体者・行為者因果的な思考形式

などのマクロな機能要素に分けて考察を試みます。ここで概念とは脳神経のネットワーク（脳神経系）で処理が可能な形式を持つ記号（シンボル、symbol）のことです。

人間性の象徴のように考えられている共感や利他行為、自覚や反省までが脳のマクロ機能的なはたらきに基盤を持つことは今のところ推量の域を出ませんが、今後、脳神経科学や認知科学、心理学によって実証的に解明が進むものと期待されます。

第1章　物質と脳機能の世界

素粒子物理学によれば、この物質世界の秩序は量子場の力（重力、強い力、電磁力、弱い力）によって形成されました。なお物質が形成される前には時空の特異点（始まり）があったとされ、そこから秩序の形成が始まったと考えられます。

モノ（物質）でできている身体やケータイ、地球や月、太陽、銀河や宇宙は、私たちにとっての外部世界です。しかし、物質は存在せず、それは知覚するこころにだけ存在するという主張（唯心論、唯識論、あるいは現象的一元論）によると、物質世界は私たちの内的なこころのはたらきによって作り出されるもので、外部には存在しません。

このような理念的な主張に対して近年では、認知し思考する作業は内的なこころのはたらきですが、その結果が検証されて他者と共有されたとき、それは外部世界のものと見做す〝間主観〟という考えが一般的です。間主観とは他人と同意が成り立っていることを指す言葉で、主観と客観という区別では収まらない事柄を説明する際に使われます。

ただし外部世界が私たちの外部に実在するとしても、それはカントの〝物自体のテーゼ(注1)〟として知られるように私たちが認識する世界そのものではありません。


宇宙の初期に素粒子からヘリウム、水素、酸素や炭素原子が形成され、その価電子（化学結合に関わる外殻電子）を介した量子力学的交換作用により、よりレベルの高い秩序が初期地球に形成され、前生命的な生化学物質（アミノ酸や核酸塩基など）が出現しました。

前生命的な生化学物質のランダムで膨大な化学反応の過程で、通常の条件では反応しない化学反応を媒介する物質（触媒）が形成されると、より複雑でバラエティーに富んだ化学反応が加速的に進み、その過程で自分自身を複写するはたらきを持つＲＮＡが、その後より安定したＤＮＡが誕生しました。


さらにＤＮＡに書かれた情報はＲＮＡポリメラーゼ触媒によってmRNA（メッセンジャーＲＮＡ）に転写された後に、リボソームによってアミノ酸へと翻訳されタンパク質が合成されるようになりました。

ＤＮＡの塩基配列が環境条件によりランダムに変化することによって、合成されるたんぱく質の種類が爆発的に増え、地球上の海には生命に必要な要素機能を持った生化学物質があふれるようになりました。そこから最初の単細胞生命が誕生したと考えられます。

生命活動に必要な要素機能を持つ生化学物質がどのようなものだったか、一例として生物分子科学の分野で近年解明が進んだ分子モーターを取り上げてみましょう。

たとえば微生物が泳ぐための鞭毛の付け根の部分には毎分５万回転にも達し、瞬時に停止・逆転ができるモーターがあることが知られています。このモーターは複数の高分子タンパク質によって構成された、いわば超小型の機械（マイクロマシン）といってよいでしょう。

このような分子モーターに見られる生化学構造を持った回転機能は、ＡＴＰ（アデノシン３リン酸）合成酵素にも見られます。ＡＴＰ合成は食物からエネルギーを取り出すという生物にとっては最も重要な機能のひとつです。具体的には細胞内のミトコンドリアの内膜にあるＡＴＰ合成酵素の中に回転機構があり、それが1回転する毎に3個の水素イオンが通過し、その過程でＡＤＰ（アデノシン2リン酸）をリン酸化してＡＴＰを合成します。地球上のほとんどの生物は、このようにして合成されたＡＴＰが水分子（H_2O）によってＡＤＰに分解される際に放出されるエネルギーを利用しています。

複数の高分子タンパク質によって構成される機能的な生化学物質には、分子モーター以外にも細胞の表面に埋め込まれた種々の分子ゲート（細胞膜受容体）があります。分子ゲートには立体的な高分子タンパク質の〝鍵〟があり、この〝合鍵〟を持った特定の物質やイオンを細胞の内部に取り入れ、また外部に放出するという重要な役割を担っています。なお分子ゲートの合鍵を試行錯誤して作り出し、細胞に侵入し増殖して外部に放出するウイルスなどは地球生命の秩序の中にあって、私たち生物に害を及ぼす厄介な前生命的存在ということになります。

生命は前生命的化学反応系における自己複写や自然選択、生化学物質構造のランダム異変などの結果形成された自己組織的な秩序であり、現代の私たちがそれを再現することは困難であり、実質的には不可能でしょう。

生命秩序は物理法則で説明し尽すことが困難な複雑系であり、私たちには神秘的にさえ見えますが、そこに物理法則に反するような要因はありません。このように物理法則に反するような要因が見当たらない生命のようなものは、究極的には物理的事象の範疇にあると考えます。もっとも生命を物理的なモノのように見ることには、現代の私たちにとっても心情的な抵抗感があることは否定できないでしょう。

生命秩序は実現確率が極めて低い種々の出来事（偶然）が積み重なったものと考えられ、前生命的化学反応系から実際に生命が誕生する確率は極めて低いかもしれません。その確率の低さがどの程度なのかは将来地球外生命（必ずしも知的でなくても、自己増殖する生命体の痕跡でもよい）が発見されるかどうかによって推定できるでしょう。

地球に誕生した原始生命が進化して脊椎動物、ほ乳類を経て約5万年前に現代人が誕生しました。この進化の過程には多種多様の自己組織化プロセスがあり、自己組織化が起こる都度、新しいはたらき（機能）が形成（創発）されました。そして環境に最適なはたらきだけが自然選択されて今日生き残ったのです。つまり私たちの脳と身体は外部世界に適応する階層的で複雑な機能システム（複雑系）です。

自己組織化による生命秩序形成の究極の形態は人を含む動物の脳神経系です。脳神経系には外部世界を概念化（意味づけ、関係づけ、記号化）して認識し、得られた概念を操作・演算して外部環境に適応するという進化の過程を経て獲得された自律機能が備わっています。

このように外部世界を認識して適応する、人を含む動物を〝認識主体〟と呼ぶことにすれば、脳神経系において形成される概念（concept）は認識主体が存在することによって初めて意味を持ちます。つまり外部の物質世界には、そこに意味があるのかないのか、認識主体が認識するまでは判別できない〝認識主体にとっての意味〟を欠いたデータが存在するだけです。

ここで認識主体にとって意味のある概念を〝情報〟と呼ぶことにすれば、例えば〝六本足で動き回る小さないきもの（昆虫）〟は外部環境中のデータ、すなわち認識の対象となる事物に過ぎませんが、それがその認識主体にとって意味をもつ〝餌〟として概念化されたものが情報です（情報については後述）。

脳神経系は外部世界についての概念を形成し、それらを操作することによって認識・思考・行為が機能します。つまり認識主体は外部世界の物質的秩序を、認識主体にとって意味のある概念的秩序に変換することで外部環境に適応して生きているのです。簡単にいえばデータを情報に変換していると言ってよいでしょう。

脳神経系における概念化機能によって形成される概念的秩序を支えるのは究極的には物理法則です。このような概念的秩序の枠組みの中で認識主体は外部環境に適応して思考・推論し、行動を選択しています。概念的秩序が支配する認識世界は、クワイン（Willard van Orman Quine, 1908–2000）が〝自然化された認識論（naturalized epistemology）〟と呼ぶように、物質世界と繋がっています。

脳と身体（脳神経系）のはたらきを担うのは神経細胞（ニューロン）のネットワークです。たとえば、私たちが人ごみの中で友人を見つけるはたらきは多くの神経細胞とそれらのネットワークのレベルで説明できるはずです。

しかし実際は、脳神経系は階層化されていて、人の顔とは何かを決める概念層レベルがあり、それをもとに知人の顔一人ひとりの特徴を抽出して記憶し、その記憶情報を使って友人を見分けるレベル、さらに上位にはその友人との関係などのより抽象的な概念（マクロ概念）を扱う認識層レベルがあると考えられます（「コラム　概念化について」を参照）。

したがって人の思考や行為の選択などを話題にするときは、神経細胞とそれらのネットワークのレベルで説明するよりも、上位の認識層レベルで説明する方がわかりやすいのです。実際に私たちの意識に現れるのはほとんどが認識層レベルでの出来事と考えられるため、ここでの出来事によって構成される世界を〝認識世界〟と呼ぶことにします。

認識世界は物質世界の言葉や事象によって説明し尽すことができない、つまり説明ギャップがあります。たとえば認識世界で形成される〝ペガサス〟という概念が指示する内容は物質世界には存在しない空想上の生物ですが、その概念の担い手は脳神経のネットワークモジュールに物理的実体としてエングラム（刻印）されています。妄想や幻覚などの非合理的な内容も、物理的出来事として脳神経系に存在します。

このように認識世界の事象そのもの（事象の内容ではない）に物理法則に反するような要因が見当たらないことから、認識世界は物理（物質）世界の範疇にあると言えます。この意味で、本書では認識世界を物理（物質）世界の一部として扱うことにします。

コラム――概念化について

人を含む動物の脳神経系の重要な先験的（生まれつきの）機能の一つは、感覚器官を通して外部環境から入力される信号を〝概念化〟することです。この〝概念〟という言葉には、粗視化（輪郭抽出など）、特徴や類似点の抽出、抽象化、カテゴリ化、関係づけ、情報化あるいは意味づけなどが含まれます。このようにして形成された概念は脳神経系で機能する思考や判断プロセスにおいて記号（symbol）としてはたらきます。

概念化機能は知覚の初期段階において、先験的なものとしてすでに活動しており、そこでは外部環境から感覚器官を通して入力される信号が先ず空間的・時間的に表示可能なレベルに変換されます。

このレベルの概念は言語化される一歩手前の状態にあります。次の段階では概念が言語化され、近似的な（よく似た）概念を結び付けて種概念から類概念を形成し、その結果概念の階層化が加速します。

概念化には、存在しないものや抽象的なものを概念化する、あるいは全く異なる概念を統合し新たな上位の概念階層を形成するというある種の弁証法的なはたらき（注2）があります。このような抽象的・理念的な概念は人に特徴的な数学などの論理体系、及び宗教やイデオロギーなどの信念体系を生み出し、人類の文化・文明の形成に大きな影響を及ぼしています。

概念化の諸過程が積み重なった多重・多層の〝概念ネットワーク〟の形成は人の誕生から始まり、種としての行動傾向（propensities）、個体に特有な資質や気質を基層として、その上に、養育環境や所属する社会の伝統や文化、その後に学習する言語的知識や技術の習得を通して形成されます。

概念化は外部世界を認識するだけでなく、外部世界を認識している自己についての客観的な概念を形成します。それは人の誕生の初期段階で形成される〝世界の中の私〟という認識的自己概念です。

この自己概念は認識の視点を変えることによって〝世界の中の私を見ている私〟、更には〝私を見ている私を見ている私……〟というように無限後退することは私たちもよく知っています。これは私たちの概念形成とそれに基づく認識機能の性質と考えられます。

概念化のメカニズムは、脳神経系で機能する概念ネットワークにおける一括処理と考えられます。すなわち新たな概念は既存の概念ネットワークにおいて既存概念群と相互作用し、全体として辻褄が合ったとき形成されます。したがって新たな概念が形成されるときには、既存概念にも何らかの影響が及ぶことになります。

既存概念群との相互作用とは、言葉を変えれば新たな概念の形成に枠をはめること、すなわち規範を与えることです。したがって概念ネットワークは新たな概念の形成と同時に、予測や推論、行為の選択などの認知的な処理を行う際の枠組みとなるような構造化された規範体系（スキーマ、schema）としてはたらきます。なお、ここで言う規範は判断や行動の基準であり、倫理的な善悪の規範ではありません（人の倫理観については後述）。

概念ネットワークには言語化された概念だけでなく非言語的な身体的な感覚や情動的な概念も含まれるため、スキーマによる規範的な判断には理性だけでなく身体的な感覚や情動も関与します。このため、私たちには時に感情に流されて理性的に考えればやってはならないことでもやってしまう意志の弱さ（アクラシア）があると考えられます。

学習が刺激と反応の間の結合（connection）であるとしたソーンダイク（Edward, L. Thorndike）に因んだコネクショニズム（connectionism）は、学習や認知、思考をニューロンネットワーク（本書では概念ネットワーク）の機能と考えます。

その機能の本質はニューロン間のシナプス結合経路及び結合強度の可塑的な変化（Hebb, D. O., 1949）にあり、この可塑変化がネットワーク全体にわたり連続して進行し、ニューロンの励起・非励起状態がある定常状態に自律的に収束することによって、ニューロンネットワークへの多数の入力が一つの脳状態として表現されます（McClelland, J. L. and Rumelhart, D. E: 1987）。

この自律収束性が、人の脳神経システムにおける概念化、記憶、及び概念操作による認知や思考、学習や推論、それらによって引き起こされる身体的行動において中心的役割を演じるものと考えられます。

概念ネットワークは概念化という機能（function）を持つ機構（structure）です。一般に機能と機構は形相と質料の関係[注3]にありますが、概念ネットワークにおいて概念が形成される度に、ネットワーク系全体の機構が辻褄の合うように（シナプス結合の可塑性によって）再構成され、再構成された新機能によって次に入力された信号が概念化されます。したがって概念ネットワークは形相と質料が相互に入れ替わり、スパイラル状に発展するシステムと考えてよいでしょう。

一方概念の操作である思考や言語、推論などは、概念ネットワークと連動する複数の逐次処理機構によって遂行されると考えられます。それらの機構は先験的（生まれつきの）基盤の上に、訓練や学習を通じて発達的に形成されます。見えない環境や相手の状態を仮想し、推論する能力は言語コミュニケーションを発達させ、その結果抽象度の異なる多層概念を演算・操作することによって陳述的な言語形式を持つ思考や推論が可能になりました。

人にとって言語による発話は意思伝達の重要な手段のひとつです。発話は次のような脳神経系の機能的な階層構造を経て構成されると考えられます。

知覚 ⇓ 概念形成 ⇓ 概念操作（思考）⇓ 心的言語による陳述文の形成 ⇓ 発話

発話には他者の発話をその文脈のまま報告する（de dicto）、他者の発話をその文脈を離れて現実世界で通用する出来事として報告する（de re）、あるいは発話する〝自分〟の立場から報告する（de se）があります。これらの違いは脳神経系における思考内容の認識論的な形成過程の差異を反映したものです。

De se発話において発話する〝自分〟とは、発話の前段階である陳述的言語形式の思考内容を構成する際の、思考と行為を帰属させる主体者、すなわち認識的自己概念ということになります（認識的自己については後述）。

脳神経系は階層的システムです。具体的には最下層レイヤーはニューロンやシナプスの物理層、その上位にニューロンネットワーク層、概念層、論理層、認識層のように階層化されていると考えることができます。

認識層（Epistemic Layer）　エピソード形成、自覚、反省
論理層（Logical Layer）　概念操作（言語、論理、計算など）
概念層（Concept Layer）　要素概念の形成、概念ネットワーク、スキーマ
ネットワーク層（Network Layer）　ニューロンネットワーク
物理層（Physical Layer）　ニューロン、シナプス、グリア細胞

物理層は多入力、単一出力の神経細胞とその各入力からの電気信号を重みづけるシナプス、及び神経細胞の活動を補助するグリア細胞などで構成され、コンピュータのハードウェアに、またネットワーク層は、多数の神経細胞が相互接続された状態として定義され、ＩＰネットワークに相当します。

概念層では感覚器官からの入力信号が概念化され、概念ネットワークを構成します。また概念層では存在しないものの概念や抽象概念、あるいは異なる概念を

結び付けて新しい概念を形成します。個々の概念は概念ネットワークを構成し、上位の論理層と協調して思考や行為選択の規範（スキーマ）としてはたらきます。

論理層では、概念層で形成された個別概念を論理操作し、言語の構成（聞く、話す、読む、書く）、論理思考（三段論法など）、あるいは計算に対応します。言語や論理操作のアルゴリズムは経験的に習得されますが、その基礎は先天的なもの（脳神経系に予め備わっている）と考えられています。

認識層では、その下位の各階層のはたらきが物理因果的であるのに対し、認識主体の視点に立った主体者因果的、あるいは行為者因果的なエピソード（時間、場所、内容、身体状態を含む）表現の構成、及び自覚（self-awareness）や反省（reflection）などの自己分析的な活動がなされます。

本書では、この認識層における情報の表現形式（様相、mode）が存在論的に転移して、意識として現れるものと考えます（後述）。逆に言えば意識が現れるとき、認識層にはそれに相関する物理的実体が存在するはずです。この物理的実体のことを意識の認識相関項（Epistemic Correlates of Consciousness, ECC）と呼ぶことにします。

ここで相関というのは、意識と物理的実体のような、関係性の不明な二つの事柄の間に想定される何らかの関連のことです。

近年、脳神経科学ではポジトロン断層画像（ＰＥＴ）や機能的磁気共鳴画像（ＭＲＩ）を利用して、意識が現れるときの脳状態の研究が盛んです。具体的には脳の空間的な血流量変化の分布という物理的実体を測定し、それが意識の内容とどのように相関するのかを調べるのです。

この時得られる情報は、意識の内容とそれに相関する脳の神経活動の活性化分布であり、一般に「意識の神経相関項、Neuron Correlates of Consciousness, NCC」と呼ばれています。意識の神経相関項（ＮＣＣ）と、先に述べた意識の認識相関項（ＥＣＣ）の違いは、ニューロンネットワーク層と上位の認識層における情報の表現形式の違いと考えられます。

第2章 こころの世界

会話や翻訳、囲碁・将棋、計算など、人の論理思考のはたらきは原理的には全て人工知能（ＡＩ）で置き換え可能と考えられます。また感覚器官（視覚、聴覚、味覚、嗅覚、触覚）のはたらきに相当する人工的な感覚センサー（カメラやマイクロフォンなど）が技術的に実用化されていることから、こころには明らかに脳と身体システムの機能的はたらきと考えられる側面が存在します。つまり脳と身体システムは、同じはたらきをする別のもの、たとえばロボットと置き換えが可能ということになります。

したがって、こころの機能的はたらきという側面の解明は神経科学や工学的視点（突き詰めれば物理法則）から可能であることは言うまでもありません。

一方で、こころには通常、精神と呼ばれている側面、たとえば感覚や感情、共感や情熱、意識や意志、あるいは信念や欲求など、私たちにとって説明するまでもない当たり前の側面があります。このようなこころの側面は、脳と身体システムの機能的なはたらきとどのように関係するのでしょうか。たとえば水とH_2Oの関係や遺伝子とＤＮＡの関係のようなものなのか、あるいは相互に関係するが、その関係がどのようなものかは人知の及ばないものでしょうか。この問題については今日でも研究者のあいだで議論の的になっています。

コラム――漱石のこころ

「こころとは何でしょう？　だれも私にたずねないとき、私は知っています。たずねられて説明しようとすると、知らないのです」

これはアウグスティヌス（4〜5世紀）の著書『告白』にある〝時間〟についての有名な言葉を〝こころ〟に言い換えたものですが、今日でも通用する真実といってよいでしょう。

ライル（Gilbert Ryle）によれば、こころが何かを一番知っているのは作家だと言います。そこで小説家として著名な夏目漱石の作品『こころ』で、こころに関わる表現を見てみましょう。

……心持ち、良心、下心、心に浮かぶ、心がそこに現れる、考える心、心に働きかける、心の内、底に沈む心、心を奪われる、感傷的な心、決心、沈鬱な心、心に誓う、心を惹かされる、猜疑心、虚栄心、心の底、心を読む、悔恨の念、恐怖の念、等々……

これらの表現はいずれも文豪の巧みな文脈の中で使われることでその意味が実感できます。つまりこころとは文学的で主観的な言葉であり、論理的に解析するような対象ではありません。

心理学はこころを扱う科学の一分野ですが、こころそのものの解明よりも、こころという実体のないもののはたらきや行動との関係を実証的に解明する学問です。

しかし、こころに対する人々の知的好奇心は強く、古くはプラトンやアリストテレスなどのギリシャ哲学者、4世紀ごろのヴァスヴァンドゥ（世親）らの唯識思想家、13世紀の神学者トマス・アクィナスらの強い関心を惹き、多くの考察がなされてきました。近世ではデカルトが近代科学の視点から感覚や情動、精神や意識としてのこころを論じ、また近年では心的態度（意志や欲求など）や心的因果（こころと身体の因果関係）、また認識論や言語論などの観点からの議論も尽きることがありません。

しかし、生命科学や脳科学、認知科学、素粒子物理学など自然科学が格段の進歩を遂げている今日でも、こころをもつ人とは自然の中でどのような地位にあるのか、こころと身体の間にはどのような関係があるのか、人は他の物体と同じように自然法則に従う対象なのか、それとも人は自然法則を利用するが自然からは独立した存在なのか、などの本質的な問いに対して納得できる回答に近づいている気配がありません。

これは近年の自然科学の進展によって、生命や宇宙についての理解が確実に進みつつあるという事実とは大きな違いです。生命は未だに神秘的なものと考えられていますが、少なくとも合理的議論の対象になっています。また時空の始まりや超弦理論、暗黒物質などのテーマについては、解明には程遠い状態ですが活発な研究がなされ、一歩ずつではあっても理解が深まっています。

これに対して、こころとは何かについては延々と議論が続いていますが、ほとんどがこころに現れたものの分析に留まり、こころに現れるというしくみそのものについての議論が進展していないように思われます。これが、こころの解明という試みが合理的議論の対象になり得ない、回答の無い問いではないかと言われる所以です。

近年の〝こころの哲学〟ではこころという言葉よりも、こころの一側面である主観的な〝気づき〟を表す意識（consciousness）という言葉を使うことが多いようです。〝意識のハード・プロブレム〟（Chalmers）などはその一例ですが、それでも意識の捉え方には研究者ごとに大きな違いがあります。

たとえばカント（1724−1804）によれば、人間の認識能力には感性と悟性の二種の認識形式がアプリオリ（先天的）にそなわり、意識は感性と悟性の総合によりある対象を表象します。また人間の思考とは、経験を通じて与えられた認識内容を処理して更に新たな概念や知識を獲得していくことです。認識は悟性の作用による自発的なものですが、感覚は直感による受動的なものと考えました。

またJames（Henry James, 1843–1916）によれば意識は思考が流れているという主観でも客観でもない感受（feeling）だと言います。感受は、主観と客観、自我と対象の分離以前のものであり、誰のものとか何であるといった規定をすることができません。

Block（Ned Block, 1995）は意識には現象的意識とアクセス可能的（自己参照機能）意識があり、これらを混同すべきではないと言います。Northoff（Georg Northoff, 2016）もBlockと同様の視点に立ちますが、主観的な意識の内容が客観的であることに注目して、これを説明するには現象と機能の両面からの解明が必要だと主張します。Crane（Tim Crane, 2001）は意識を物理的なものに付随する、あるいは物理的なものから蓋然的（必然的ではなく）に創発するものと考えます。

一方で、意識は私たちの日常経験そのものなので、私たちにとっては説明の必要はなく、それが何かを問うことは疑似問題だという主張もあります。

このように、こころや意識についての議論は現在も絶えることがありませんが、そこで使われる専門用語の中には、論者の間で使われ方が微妙に異なるものが多いようです。同じ用語でも意味が異なれば議論が混乱しかねません。そこで、以下では本書で使う用語の意味を明確にしておきます。

◇付随 (supervene)

心的なものが物質的なものと従属的な相関関係にあること。これに関連した用語に片方向の因果性を示す物理現象、エピフェノメナ（随伴現象）が知られる。これを心的なものに拡大解釈する学説がエピフェノメナリズムである。この説は意識が物質的なものに起因するが効力を及ぼさないという片方向の因果性を持つことから、意識を物質的な脳機能に付随する物理現象の一種であると見做す。

本書の主張は意識が受動的であり、物理的な脳機能に因果的な効力を及ぼさないとする点でエピフェノメナリズムと混同されるかもしれない。しかし意識は物質的なものに付随する物理現象ではなく、物質的なものを起源として生起する非物理的な存在と捉える点で、エピフェノメナリズムとは区別されよう。

◇創発 (emergence)

主に生物等の複雑系で用いられる用語。たとえば多層の階層構造を持つ生物では、下層の要素だけからは、上層の挙動は予測が困難な場合が多い。つまり、もともとなかった下層の性質が、上層に現れることがある。たとえば、物質的なものから生命が誕生したことは創発の代表例である。

◇存在（existence）

認識論（Epistemology）は、人が感覚（五感）を通じて世界をどのように認識し、知識を獲得していくかを考察する学問。一方、認識そのものが成立する背景を考察するのが存在論（Ontology）あるいは形而上学（Metaphysics）。認識そのものが成立する背景には外部世界があると予想されるが、それは人が知り得る外部世界（すなわち認識世界）ではない。

本書で〝存在論的〟という言葉は、〝存在そのものに関わるような〟という意味合いで使われる。たとえば情報様相の〝存在論的〟転移というとき、その転移は既知の物理的相転移（phase transition）の類いではなく、意識の生起に関わる何らかのはたらきであることを意味する。

◇現象（phenomenon）

人にとっての〝現れ〟のこと。本書ではそれを意識と呼び、意識の内容は感覚質（クオリア）あるいは表象として現れると考える。同じ現象でも、気象現象のような物理現象や、カントの言う叡智界に対する「現象界（認識の対象となる世界）」とは異なる。

◇生起（occurrence）

ある現象が起こること。本書の用法では、意識は生起する現象である。

◇トークン（token）とタイプ（type）

たとえば「猫というタイプの動物」というように、同じ性質を持つものをまとめてタイプと呼ぶ。これに対し、あるタイプの集まり（たとえば猫というタイプの動物の集まり）の中の個々のもの（すなわち家で飼っているクロ）をトークンと呼ぶ。トークンとは、同じものは一つでなければならず、二つ以上あればそれらは異なると考えるときに個々の対象を指す言葉として使われる。

本書の意識の生起モデルでは、短時間で生起・消滅する個々のトークンが時間的につながったものを意識の流れとして感じる。意識の流れ、すなわち意識内容は、個々のトークンの集まりであり、したがってタイプを構成する。

◇表象（representation）

今見ている風景などの知覚内容、想起内容、文字や数式などのこころに浮かぶ像のこと。本書では表象は意識内容として現れるもの、すなわち現象的なものである。これは表象を物理的なものと捉える立場、たとえば「脳において外界について の表象を形成する」のような使い方とは異なる。

◇感覚質（qualia）

こころに浮かぶ質感、すなわち赤さや痛み、甘さなどのこと。なお感覚質は非言語的な意識内容を表現し、表象は言語的な意識内容を表現するという違いがあるものの、両者は共に意識として現れる志向的情報の表現形式（mode）である。

◇志向性（intentionality）

意識は常に何かについての意識であるというフッサール哲学の用語だが、学説により多くの解釈がある。たとえばその語源のintentionは日本語では意図であり、意識を目的論的に解釈したものである。

本書では一般的に〝外部世界の何かについて〟表現されることを志向的と呼ぶことにする。すなわち意識の内容が外部世界についてのものであることを「意識内容は志向的である」という。また脳神経系で形成される情報が外部世界についてのものであることを「志向的情報」と呼ぶ。

◇意図／意志（intention）
目的を実現するための行動を起こす内的な意欲のこと。本書では物理的なものだけが行動を起こすことができるとの立場から、内的な意欲（あるいは意図／意志）とは脳神経系で形成されるマクロ概念と捉える。それが脳に埋め込まれた思考様式によって、私の内的な意欲と認識される。

なお、マクロ概念としての内的な意欲が常に行動を起こすわけではないが、それは記憶に残り「そのようにしたいと思ったが行動に踏み切れなかった」などと想起される。

◇素朴実在論（naive realism）
実在論の一形態で「この世界は、自分の眼に見えたままに存在している」とする考え方のこと。この考えによれば存在とは知覚されることである。

◇常識心理学（folk psychology）
物理的対象や状態、出来事は客観的に実在し、私が見ている世界は私がいなくてもそこにある。また結果には必ず原因があり、人は自らの意思で自由に考え、行動できるなど、多くの人が抱く常識的な信念・欲求、あるいは意図的な行為についての考え方であって、社会生活や倫理観の基盤になっている。

これに対して近年の科学的世界像では、常識心理学的な常識は否定的に取り扱われる。たとえば量子物理学が描く素粒子レベルの世界は、私が見ている世界とは全く異なり、そこでは実在や因果関係などの古典物理的な概念自体が定義できない。また神経科学や認知科学によれば、常識的な素朴実在論や自由意志は心理的な錯覚（illusion）に過ぎないとされる。

しかし「私は思考と行為の主体者だ」という前提で思考し行為すること自体は脳神経系に本来備わる（intrinsic）思考様式であり、人はこの様式に思考によってアクセスできない（ゲーデル的限界）。

したがって常識心理学的な態度は人に備わる本来的な性質であり、自然科学的な世界像と両立する。なお、語源の“folk”は〝大衆の、あるいは民間伝承の〟という意味だが、ここでは〝常識的な〟と訳した。

◇経験（experience）

日常会話で経験とは、身体的な経験（たとえば、富士山に登った）や何らかの状況に遭遇した経験（たとえば、津波に遭った）を指す。このような経験を物理経験と呼ぶことにする。一方で、こころのような現象的なものを議論する場合の経験は、こころに現れる内的な感覚（たとえば、赤さを感じる）を指す。このような経験を意識経験と呼ぶ。本書で使う経験という言葉には、物理経験と意識経験があるので混同しないように注意が必要。

それでは、こころを合理的に議論する方法はないのでしょうか。現時点では、私たちがこころと呼ぶものには能動性と受動性、あるいは機能性と現象性という二重性があると考えるのが妥当と思われます。

能動性とは思考や推論などのようなＡＩでも置き換えができる機能的なはたらきであり、受動性とは私たちの内部に現れ来る（現象する、生起する）もの、一般に〝現象的意識〟と呼ばれているものです。

現象とは、Nagelが１９７４年の論文「コウモリであるとはどのようなことか」で述べるように、認識主体（たとえばコウモリや人間）の主観的な意識状態を指す言葉です。それは私たち人間にとっては、たとえばバラの香りや赤さ、バラの棘の痛みを感じるときの意識状態です。その主観的な意識状態を、客観的な機能的なはたらき（嗅覚、視覚、痛覚器官のはたらき）と区別して現象と呼びます。

コウモリには私たち人間に似た知覚機能があり、主にソナー（音波探知）が人間の視覚に相当する知覚機能を果たしていることが知られています。コウモリの脳は放出する変調された高周波信号と、戻ってくるエコー信号の相関を取ることによって、目標までの距離、形状、動きなどを検知します。視覚以外にもコウモリの脳には痛覚や恐怖感、空腹感などを知覚する機能があるのでしょう。

ではコウモリが外界と自身の内的な状態を知覚するとき、私たちの意識に現れるような主観的な感覚を持つのでしょうか。コウモリにも何等かの意識に相当するものがあるかもしれませんが、それらがどのようなものかは私たちには知ることができません。

このことは人間の主観的な意識状態についても言えるでしょう。たとえば生まれつきの盲人やろうあ者が経験する主観的な意識状態に健常者が立ち入ることはできず、立場が逆でも同じです。人間の主観的な意識の内容は説明できますが、意識状態とはどのようなものかは、私たちが知り得るどのような言葉でも説明することができません。これが意識現象のもつ特有の性質です。

現象的なものである意識が、脳神経系の機能的なはたらきの内容が表している意味が何らかのはたらきによって私たちの内に現れ来る（現象する、生起する）ものならば、それは知覚や思考の内容に因果的な効力を及ぼすことのない受動的なものでしょう。たとえば物体の影や鏡像が、物体の動きにはたらきかけることのない受動的なものであるように

（「第5章　意識の生起モデル」を参照）。

私たちがこころの二重性に気づくことはめったにありません。なぜなら脳神経系の機能的なはたらきの内容は現象的意識を通してのみ私たちに現れるからです。

たとえば何気なく使う〝感じる〟という言葉にもこの二重性が見られます。人が何かを感じるとき、意識には感覚質（qualia）が現れますが、その背後には感覚器官を含む脳神経系の機能的な処理プロセスがあります。

また〝考える〟という言葉にも二重性があります。たとえば考えて計算しているとき、意識には〝2＋3＝5〟などの表象が現れますが、その背後には脳神経系の機能的な計算プロセスがあります。意識が計算をしているわけではないのですが、私たちは〝意識して計算している〟ように感じるのです。

こころの二重性を、書や絵画の〝なぞり書き〟という比喩に譬えることができます。なぞり書きはすでに書いてある書や絵画などの上をなぞってその通りに書くことです。書や絵画などの作品を制作することではありませんが、その作業に集中しているときには自分が作品を制作しているかのような感じになるでしょう。ここで脳神経系のはたらきを作品の制作に、意識することを作品の写し書きに置き換えれば、私たちの意識の内容には背景にある脳神経系のはたらきとの二重性があることの例えになります。

こころの二重性の存在論的枠組みとして、本書では疑似二元論（後述）を検討します。これは簡単に言えば志向的情報の内容を共有するような、物質と現象的意識の疑似的な二元論です。

なお、こころの二重性について大森荘蔵（1921―1997）は〝重ね書き〟という比喩で独自の現象的一元論を展開しています。この主張は物質的なものの存在を認めませんが、疑似二元論と同じく現象的なものの実在を認めます。

また量子状態の〝重ね合わせ〟のように、こころの二重性は〝多世界（multi-verse）理論〟によって説明できる可能性があります。すなわち脳の機能的はたらきと現象的意識は自然界に並行世界として存在しますが、人は現象的意識の世界しか感じることができず、並行世界がひとつに収縮するように見えるというわけです。

現象的意識は認識主体の視点に立てば主観的なものです。その主観の主体はデカルトの

「考える私（cogito）」、あるいはフッサールの「純粋自我」であり、ウィトゲンシュタインの「世界に属さない独我論的な私」などに相当すると考えてよいでしょう。

一方、〝現れ来る（現象する、生起する）〟という事象を認識主体の外部の視点から観察すれば、現象的意識は客観的考察の対象になります。

通常「私は意識して何々する」という主観的な発言の中で使われる意識という言葉は現象的なものではなく、意図（intention）や注意（attention）、あるいは気づき（awareness）などの心的態度と言われるものです。心的態度の実体は機能的なものであり、現象的な意識と混同すべきではありません。

なお「私が意識する」という主観的な表現を、客観的な立場で言い換えれば「私に（現象的）意識が現れる」となります。つまり現象的意識は客観的立場から捉えるもので、主観的立場に立った用法ではありません。

本書では〝現象する〟と〝生起する〟は同義ですが、特に後者は新しい存在カテゴリの誕生という存在論的な視点を強調した使い方です。

ここで現象的意識が自然界に存在すると考えるか否か、次のいずれかの可能性を考えましょう。

(A)　意識が現象／生起するという事象は自然界に存在しない。それは心理的な錯覚(illusion)である

(B)　意識が現象／生起するという事象は自然界に存在する物理的なものである

(C)　意識が現象／生起するという事象は自然界に存在する。しかしそれは物理的な事象ではない

右記(A)は、自然界には物理的なものしか存在しないという物理主義的な信念に基づく見解です。つまり意識は物理的なものを心理的に〝いま経験しているように感じる〟に過ぎず、それは自明であって理由などないと主張します。

なお、心理的に感じることを物理的合理性のある言葉で説明できないからといって、意識が物理的なものではないと結論付けることはできませんが、「心理的にそのように感じるとはどのようなことか」という新たな疑問が生じます。神経科学者や認識科学者、あるいは心理学者が〝感じる〟ことの機能的メカニズムを解明したとしても、「なぜそのよう

に感じるのか」という究極の疑問に答えたことになりません。その疑問には「自明であって理由などない」と答えるしかありませんが、自明ならばそれ以上の議論が無意味になります。

結局、可能性(A)が真実であることは否定できませんが、たとえ真実であってもそれ以上議論が進まないことになります。人の知的能力には限界があるとしても、その限界は議論してみないとわかりません。

このような訳で、以降の議論では可能性(A)を棚上げし、可能性(B)と(C)について考えましょう。可能性(B)は意識が現象/生起するのは、虹が現れる、あるいは新しい命が生まれるのと同様に物理法則の範疇にある事象だという立場です。しかしこの立場は、私に現象/生起するという主観を認めません。つまり意識が私に現象/生起しているという主観的な経験的事実に反します。

そこで可能性(C)について、もしそれが真実ならば、私たちの経験的事実とどのように整合するのかを考察することにします。これは仮説に基づく検証であり、仮説が正しいことを保証するものではありませんが、少なくとも仮説を否定するものではありません。

なお可能性(C)を検討するにあたり、一般的に使われている〝現象的意識（phenomenal consciousness)〟の代わりに〝意識現象（consciousness phenomenon)〟という言葉を使うことにします。これは意識が現象であることを明確にするためです。つまり〝現象的でない意識〟は存在しません。

可能性(C)は、この自然界には物理的な身体と非物理的な意識現象が存在する、しかし身体がなければ意識は存在しない、というある種の疑似二元論（Quasi Dualism）になっています。この考えの背景には、意識は科学的な言葉で説明できなくても私たちにとっては疑い得ない経験的事実であること、またこの世界を支配する物理法則についての私たちの現在の知識が十分とは言い難いことがあげられます。自然界に物理的なものと非物理的な現象を媒介するしくみが存在すると考えること自体は不自然（unnatural）でも不合理（irrational）でもありません。

非物理的で受動的な意識が実在するという考えからは、身体とは別に非物理的な精神が存在する、そしてこのような精神のはたらきによって考える私は存在する、

I think, therefore I am.（cogito, ergo sum）

というデカルトの洞察が思い浮かびます。

このデカルトの洞察については、しかしながら多くの批判があり、中でもデネットのカルテジアン劇場、つまり脳の中に架空の劇場があり、そこでは小人（ホムンクルス）が身体を通して経験された事柄を鑑賞している（意識している）という例えによる批判がよく知られています。これは、意識する私が実在するなら、その私という存在自体がどのように意識しているのかを再帰的に考えなければならず、結局は論理的な無限後退に陥るという主張です。

このデカルトの洞察に関連してリヒテンベルク（Georg Christoph Lichtenberg, 1742–1799）は、デカルトは〝思考する〟ではなく、〝思考が起こっている〟と言うべきだったとコメントしています。つまりデカルトの“I think”は、思考する、あるいは意識する、のように私を主語とした他動詞であることが間違いだと指摘しました。

非物理的で受動的な意識は、客観的には自動詞〝現れる（現象する）〟によって表現され〝意識する〟という他動詞で表現できません。そこでもしデカルトが、

意識が現れる故に私は存在する
Consciousness appeares to me, therefor I am.

と言っていれば、その私にどのように意識が現れるかは再帰的ではないため、デネットが主張するような論理的な無限後退に陥ることはなかったでしょう。

この章で述べてきたこころの世界の秩序についての考察は次のように要約できます。こころの起源は脳と身体のシステム、すなわち物質世界です。これは物質的なものである脳と身体のシステムがなければ、こころが生じないことからも明らかです。しかし、こころの世界の秩序が物質世界の秩序である物理法則によるものと単純に判断できません。こころの能動性、つまり思考や推論などの機能的なはたらきはＡＩなどに置き換えが原理的には可能です。したがって機能的なはたらきは物理法則による秩序に従います。

一方、こころの受動的側面である意識は、脳神経系の機能的なはたらきの内容が表す意味を受動的に受け取るだけの存在です。では意識は存在しないのかといえば、そうではありません。私たちにとって意識は経験的事実であり、この事実を認める以上、意識は存在します。

また受動的な意識は物質世界に効力を及ぼさないという意味では非物質的な存在と考えるべきでしょう。従って自然界には物理法則による秩序とは別に、物質と非物質的な意識現象を媒介する何らかの法則的秩序があるものと予想されます。この予想についての仮説のひとつとして、第5章で意識の生起モデルを考察します。

非物理的な意識が存在すれば、自然界には物理的なものしか存在しないという物理主義は成立しません。つまり物理主義には〝破れ〟があることになります。この破れによって、物理的なものだけが物理的な脳神経系の状態に因果的効力を及ぼすことができるという物理主義の主張は保たれますが、同時に自然界には物理的なものに能動的にはたらきかけることがない非物理的な意識現象が存在することを容認することになります。

コラム――物理主義

今日ではこの世界の全てが物理法則に従うという物理主義（physicalism）が広く受け入れられています。物理主義の立場は物理的なものとは何かによって決まるため確定したものではありませんが、机やペンや岩石のような物理的（あるいは物質的）な対象だけでなく、一般に物理的なものとは考えられていない感情や情動、思考などのこころの世界を含むこの世界の全てが物理法則に従うものと考えます。

こころの世界が物理法則によって説明できるとする見方は一般的な常識に馴染まないように思われます。しかし物理主義によれば、五感（視覚、聴覚、味覚、嗅覚、触覚）や感情（喜怒哀楽など）、思考などのこころの生理的、神経科学的なしくみは神秘的なもののように思われ、解明は容易でないとしても、それらは物理的な法則から逸脱したものではないと考えます。

たとえば「手をあげる」という簡単な動作ひとつをとりあげても、そこには膨大な量の神経活動があります。その動作を始めるときには「手をあげよう」という意志や意図がありますが、それも神経活動です。ただし私たちはその神経活動に気づかずに、意志や意図によって行動したものと心理的に思い込んでいる(convince)に過ぎないと考えるのが物理主義の立場です。

物理主義が広く受け入れられている背景には、過去に経験した結果には必ず原因があるはずだという人間の思考に埋め込まれた(built-inされた)思考様式があります。このような思考様式は人間が過去の経験に基づいて未来の行動を選択するうえで有利にはたらく淘汰圧としてはたらき、進化の過程で獲得された形質と考えられます。

結果には必ず原因があるはずだという私たちが抱く信念は、近年の物理学の目覚ましい進展によって一層強固なものになりました。すなわちこの世界のいかなる事象もそれ以前の事象の結果として引き起こされる、すなわち初期条件を無限の精度で決めれば、あらゆる事象が決定できるという信念です。このような信念は惑星や落下体、振り子や衝突する剛体などの軌道を観察することで、一層その確かさを実感するようになりました。

近年急速に発展しつつある神経科学によって、人体を支配している脳神経系の構造とはたらきが原子や分子レベルで解明されるようになると、こころの世界も原因と結果の連鎖（因果性）で説明されるのではないか、さらには人の未来は現在及び過去の状態によって予め因果的に決定されているという決定論が主張されるようになりました。

確かに、私たちの生活の中では因果性や決定論(注4)で説明される事柄と、偶然や非決定論的な不可逆性で説明される事柄が混在します。

この点について現在の一般的な解釈によれば、因果性や決定論は時間の流れの方向が非可逆的な現実世界では厳密には成立しません。というのは、因果性は確率が支配するミクロ物理学（素粒子物理学）では成立せず、古典力学のような非開放系において、摩擦などの擾乱が無いマクロ物理系を前提とした理想的な関係性に過ぎないからです。この理想的な関係性は思考可能ですが、それが現実世界を支配していると考える根拠はありません。

　また古典力学や量子力学の数式は時間反転に対して不変ですが、だからといって現実世界が時間反転に対して不変であることを意味するわけではありません。時間の可逆性を前提とした決定論は、時の流れの方向が不可逆な現実世界に適用し得る基礎原理ではなく、したがって人の未来は予め因果的に決定されているという主張は議論の飛躍といってよいでしょう。

第3章 社会・文化・文明的構成物の世界

芸術や音楽、文学などの文化、及び論理や数学を基礎とする科学技術文明は、こころの世界における出来事が発展し、人の行為を通して形成される秩序です。人の行為を引き起こすのは物理的なものだけですから、人の行為を通して形成される文化、文明の起源は脳と身体のシステムにおける機能的はたらきであり、そのはたらきは究極的には物理法則によって支配されるものと考えてよいでしょう。(注5)

しかし人類文化と文明の発展が人のこころの現象面、すなわち感動や情熱、意志、好奇心や探求心に触発されて発展してきたことは疑いのない事実です。たとえばモーツァルトの音楽は彼のこころに浮かんだ旋律から生まれ、アインシュタインの理論は彼のこころに芽生えた基本的な疑問がきっかけになって構築されたといわれています。

こころの機能的な側面によって文化と文明が形成されることに、こころの現象面はどのように関わるのでしょうか。この問題を次節で考えます。

文化の形成にこころの現象的側面はどのように関わるのか

私たちが美しい景色に感動したとき、意識にはその感動が現れ、脳内にはその認識相関項が存在します。意識として現れる感動は非物理的なものですが、その認識相関項は特定の神経モジュールにエングラム（刻印）された物理的なものです。非物理的な感動は感覚質（クオリア）として意識に現れ、その物理的な認識相関項は感動に伴う種々の身体的反応（例えば血圧を上昇させ、快感物質が分泌されてハイな気分になる、あるいは特定の行動を選択するなど）を引き起こします。なお感覚質の認識相関項は非言語的な内容がエングラムされたものです。すなわち意識に現れる感覚質は、脳における非言語的概念です。

例をあげれば、美しい景色を見た時の感動をカンバスに再現する能力に長けているのが画家です。画家とは、感動に相関する物理的な神経パターン（認識相関項）を、カンバスに描くという行為に結びつける機能的能力（すなわち才能）が先天的に優れている人々のことです。彼らには自分の作品を見るときだけでなく、鑑賞する人々の意識にも美しい景色を見た時の感動を呼び起こす特技があるのです。

カンバスに作品を描くのは画家の感動ですが、それは主観的な視点です。客観的な視点では作品を描くのは画家の感動ではなく彼の感動の認識相関項です。

具体的には、美しい景色を見た時の画家の感動はその認識相関項Ａによってカンバスに筆を入れるという行為を引き起こします。またカンバスからの視覚信号が再度画家の脳神経系に認識相関項Ｂを形成し、それが画家の意識に感覚質として現れます。もし認識相関項Ｂが美しい景色を見た時に感動した認識相関項Ａと差があれば、その差がなくなるまで絵筆を入れるという作業を繰り返し、やがて作品が仕上がるというわけです。

画家に限らず彫刻家、音楽家などの芸術家、あるいは詩人や小説家も、私たちの感動や情念、共感、好奇心などを、作品を通して巧みに再現する脳神経系の機能的はたらきに秀でた人々です。

文明の形成にこころの現象的側面はどのように関わるのか

人類文明は知識の共有によって築かれてきました。知識とは簡単に言えば、ある人が思考した内容を行動に移した結果、その人にとって有用だと分かった場合、その内容が記憶され再利用されます。これが個人レベルの知識です。個人の知識が客観的に検証されると、その内容は普遍的知識、すなわち数学や論理学、技術や科学として人々に共有されます。

人類文明は知識の共有によって築かれ、その知識は私たちのこころの機能的側面である思考によって形成されます。思考はこころの機能的側面であって、その内容にこころの現象的側面である意識が影響を与えることはありません。

しかし事実として、私たちは思考内容に気づいている、すなわち思考内容（の一部）が意識に現れています。このとき意識に現れる（現象する）のは表象（representation）であり、その表象の認識相関項は神経モジュールにエングラム（刻印）された言語的な内容です。私たちは思考の背後にある脳機能の裏方としての膨大で強大な役割に気づいていません。学問や技術開発の主役は〝考える私〟だと信じ込んでいるといってよいでしょう。

なお表象という言葉には「リンゴを表象している神経モジュール」のように物理的実体を意味する使い方（表象主義）がありますが、ここでは非物理的な意識に現れる表現形式を指す言葉として使います。

表象と感覚質は共に意識に現れる志向的情報の表現形式ですが、前者の認識相関項は言語的（命題的）概念であり、後者の認識相関項は非言語的（非命題的）概念だという違いがあります。

第4章　自然界における法則的秩序

この自然界を散逸に抗する秩序の形成プロセスと捉えれば、人の身体を含む脳神経系のはたらき、すなわち内的なこころのはたらきもその例外ではありません。更に、こころのはたらきが発展し、人の行為を通して形作られる社会や文化・文明も自然界における秩序形成プロセスの産出物といってよいでしょう。

自然界における物質的秩序や生命秩序、あるいは認識主体が持つ概念的秩序が物理法則によって支配されると考えて支障ありませんが、自然界におけるすべての法則的秩序が物理法則の支配下にあるのかについては議論の余地があります。

たとえば、意識の内容は脳神経系のはたらきを反映するだけです。その反映のしくみの詳細は明らかではありませんが、意識は脳神経系のはたらきに因果的効力を及ぼさない非物理的なものと考えてよいでしょう。なぜなら、物理的なものに因果的な関係を持たないものは物理的なものではないと考えることができるからです。

意識が非物理的なものであっても、私たちにとっては疑い得ない経験的現実です。意識が自然界における現実だということは、自然界には意識と脳神経系のはたらきを媒介する何らかの非物理的な法則的しくみがあることが予想されます。つまり、自然界における法則的秩序を支配するのは物理法則だけではありません。物理主義には破れがあると考えられます。

コラム　こころの病はこころでは治せない

心的障害とされる神経疾患について、従来〝こころ〟に関連付けられていた心脳問題や心的因果の捉え方を根本的に見直す動きが出てきました。

Northoffによれば、こころを想定しつつこころと脳の関係を問う必要なども はやなく、心脳問題は〝世界－脳〟問題によって定式化されるべきであり、また心的因果もこころを想定することなく世界と脳機能に閉じた関係として理解可能です。

こころの病と呼ばれるうつ病や、引きこもり、虐待、依存症、神経症などの原因は脳のはたらきの異常といってよいでしょう。人は自分の脳のはたらきを知ることができず、それが表現する認識世界の内容を意識として受動的に感じることしかできません。つまり脳の異常なはたらきは、不快感や悩み、苦しみとして意識に現れるため、私たちは精神的に悩み苦しむのは意識、すなわちこころに原因があるものと考えてしまいます。

脳の異常なはたらきには、神経システムの機能に物理的な原因がある場合と思考と行為選択の規範体系であるスキーマに表現型の不整合が生じている場合があります。

前者は医学的治療があり、後者はセラピストなどとの対話や瞑想などの自己対話、あるいは運動による身体的刺激によってスキーマそのものの改善を図ることにより治療が可能です。他者との会話がこころの病の治療に効果があるのは、他者との会話が、スキーマに直接効力を及ぼすからです。

ここでスキーマについて述べたいと思います。脳には思考や行為選択の際のひな型、あるいは規範となるはたらきがあり、これをスキーマ（schema）と呼びます。身体のはたらきという点では、スキーマはメルロポンティ（Merleau-Ponty, 1908–1961）の身体図式（schema corporeal）に近いといってよいでしょう。

スキーマは仮想的な脳機能であり、その実体は脳神経系における概念ネットワークです。そこに入力された信号は既存の概念群と相互作用し、系全体として辻褄が合うように再構成されて新たな概念が形成されます（概念の形成については「コラム　概念化について」を参照）。既存概念群と相互作用するとは、新たな概念の形成に枠をはめること、すなわち規範を与えることです。これが概念ネットワークを規範体系（スキーマ、schema）とよぶ理由です。

スキーマの形成は誕生から始まり、生きようとする本能（conatus）やその人に特有な資質や気質が基盤になり、養育環境や所属する社会の伝統や文化、その後に学習する知識や技術の習得を通して形成されます。そこに現在の状況を当てはめることによって、人は現状を把握・考察し、推論して行動を選択して決定しているのです。スキーマには人ならば誰にも共通する部分がありますが、誕生後にどのような経験をするのかによって大きく異なります。これが同じ状況に直面しても、人によって（すなわち、それまでの経験の蓄積によって）考えや対応が異なる理由です。

人の思考や行為が、それ以前の思考や行為に左右されることは、古代インドの唯識思想家たちの次のような考えにも見られます。

人がなにかを行ったり、話したり、考えたりすると、その影響は種子《しゅうじ》と呼ばれるものに記録され、ちょうど香りが衣に染み付くようにその行為の影響が阿頼耶識《あらやしき》にたくわえられる。それぞれの種子は、阿頼耶識の中で相互に作用して、新たな種子を生み出す可能性を持ち、また種子は阿頼耶識を飛び出して意識に作用し、五感（視覚・聴覚・嗅覚・味覚・触覚）に作用し外界の影響を受ける。この種子は五感から意識を通過して、阿頼耶識に飛び込んで、阿頼耶識に種子としてたくわえられる。これが思考であり、外界認識である。

このサイクルを阿頼耶識縁起と言う。

ここで阿頼耶識をスキーマ、種子を行為の経験（物理経験）と読み替えれば、脳神経系におけるスキーマの内容は意識によってではなく、それまでの経験によってのみ良くも悪くも変わることを述べています。なお唯識思想では阿頼耶識を理想に近づける手段としてヨガ修行を重視しますが、それは身体にストレス経験を加えることによってスキーマを物理的に修正しようとするものと考えられます。

意識は受動的な現象であり、人の思考や行動に能動的な影響を及ぼしません。であれば、こころの病を治療する上で私たちが意識的に考えることには直接的な意味がないことになります。

　脳に物理的な疾患のない場合、こころの病を治療するためには私たち一人ひとりのスキーマを変えるしかありません。スキーマは突き詰めれば物理的なものなので、それを変えることができるのは物理的なものだけです。それには医学的な治療の他に日常の全ての経験、すなわち他者との対話、自己との対話（省察）、学習、身体運動（ヨガや座禅、肉体的な鍛錬）などがあります。たとえば本書の、この文章を読むという経験によって読者のスキーマが変わる可能性もあります。

　意識を受動的なものと理解することで、こころの病は意識して克服し得るものではなく、医学・心理治療あるいは身体経験と行動を通してのみ治癒が可能になることが納得できるでしょう。

第5章　意識の生起モデル

情報とは何か

秩序指標としての情報

私たちの外と内の世界を秩序の形成という視点から捉えた時、秩序の程度を〝情報〟として表すことができます。すなわちある巨視的な系における秩序の程度が低く乱雑な状態は、その系が取り得る状態数（エントロピー）の増加、すなわち情報の欠如を意味します。熱力学や現代の情報社会を支えるシャノンの情報理論で定義されるのはこのような秩序指標としての情報です。

一方、私たちの生活の中で情報という言葉は、たとえば〝情報収集〟や〝報道記事の情報源〟などのように事物や出来事の内容・状況を指します。このような使い方は人間社会で使われることを前提とした上で、それについての内容・状況を表すという点で秩序指標としての情報とは異なります。そこで本書ではこれを〝志向的情報〟と呼ぶことにします。

志向的情報

人を含む動物の脳神経系の重要な機能の一つは、感覚器官を通して外部環境から入力される信号を概念化することです。概念は脳神経系において思考や判断の際に意味を表す記号（symbol）としてはたらきます。認知や思考の機能的要素として使われるのは入力される〝生の〟信号ではなく、この概念です。

人を含む動物の脳神経系では外界の事物や出来事が概念として形成されます。したがってその概念は外界についてのもの、すなわち志向的なものです。またその概念は脳神経系において知覚や思考における機能的要素として使われるという意味では情報と呼ぶことができます。

そこで人を含む動物が形成する概念を志向的情報と呼び、前節で述べた秩序指標としての情報と区別することにします。志向的情報によって構成される系が取り得る状態を数値化すれば秩序指標と同じエントロピーが定義できます。たとえばトランスファーエントロピー（transfer entropy）は脳神経活動間の関係性の指標として使われます。

情報という言葉は明確に定義して使用する必要があります。たとえばＤＮＡは高度に秩序化された（すなわち低エントロピーの）前生命的物質であるという点で、自然界における秩序指標としての情報と呼ぶことができます。一方でＤＮＡが人間にとって意味のある遺伝機能を担っているという点では志向的情報でもあります。

つまり自然界には秩序指標としての情報と、その情報に基づいて形成される人を含む動物（認識主体）にとって意味がある概念、すなわち志向的情報が共存することになります。

人にとって意味のある志向的情報を単に〝情報〟、人との関わりが無い自然界における秩序指標としての情報を〝データ〟と呼べば、次のように整理できます。

人は自然界におけるデータ（data）から情報（information）を形成して環境に適応し、その情報から知識（knowledge）を、更には知恵（wisdom）を得て自然界に君臨してきた。

このように整理すれば、今日の情報社会を、データ、情報、知識、知恵という切り口で階層化することができます。これは人の知性レベルを階層化したものといってよいでしょう。

たとえばビッグデータを解析し、ある応用分野に有用な情報を抽出するというＡＩの基本技術を例にあげれば、得られた情報から分野を超えた共有の知識を構築する、さらにはこの知識から知恵を引き出すことが求められます。

このように人の知性レベルを向上させることの重要性については、次のようなアフォリズム（警句）が知られています。

データに失われし情報いずこ？　Where is the information we have lost in data?
情報に失われし知識いずこ？　Where is the knowledge we have lost in information?
知識に失われし知恵いずこ？　Where is the wisdom we have lost in knowledge?

情報の担い手・内容・表現形式

情報（information）には、内容（contents）、担い手（media）、表現形式（mode）という三つの側面があります。この中で、情報の表現形式（mode）のことを情報様相（information mode）と呼ぶことにします。

なおこの様相（mode）は、〝〜は必然的に真〟や〝〜は可能である〟などの必然性や可能性などを扱う様相論理で使われる様相（modal）とは区別します。

たとえば、報道という情報には報道内容、新聞やラジオなどの報道メディア、そして活字（新聞）や音声（ラジオ）などの報道の表現形式があります。情報はその表現形式（様相、mode）が変わっても情報の内容（contents）は変わりません。

たとえば報道メディアが新聞からラジオに変わっても報道内容は変わりません。すなわち報道の内容（情報内容）は報道情報の担い手（メディア）の表現形式（様相、mode）が新聞（活字）からラジオ（音声）に変わっても変わりません。

また水が氷に変わっても水の分子構造H_2Oは不変です。すなわち物理的相転移（phase transition）によって外見（表現形式）が水から氷へ変わっても水の分子構造は変わりません。

このほかにも、〝白い皮膚〟という情報内容は、〝DNA〟という担い手によって〝4種類のヌクレオチドの組み合わせ〟による表現形式で次世代に伝えられます。これは地球上での出来事ですが、もし地球外生命体が存在するならば、〝白い皮膚〟という情報内容の担い手は必ずしも〝DNA〟とは限らず、したがってその表現形式は〝ヌクレオチドの組み合わせ〟とは違ったものになるでしょう。一般に同じ情報内容でも、それを伝える情報の担い手と表現形式は偶有的（必然的に決まらない）なものと考えられます。

人を含む動物が形成する志向的情報にも内容と担い手、表現形式があります。すなわち志向的情報の内容は世界についての概念が意味する内容であり、担い手は脳神経系、また表現形式は記憶痕跡（エングラム、engram）です。

たとえば、あなたが車の運転中に赤信号に気づいたとします。視覚から入力される赤信号データは脳神経系において概念化され、志向的情報が形成されます。志向的情報には言語的な〝赤色情報〟と、非言語的な〝赤色の印象〟が含まれます。

これらの志向的情報の内容は神経モジュールの記憶痕跡（エングラム）という形式で表現され、その記憶痕跡は情報の担い手である脳神経系によって脳の各部位に伝えられ、機能的な役割を果たすことになります。具体的には、非言語的な〝赤色の印象〟の情報は情動中枢に送られ、神経修飾物質の分泌などによって感覚や思考、行動を間接的に亢進・抑制する役割を持つと考えられます。また言語的な〝赤色情報〟の内容は、高次の認識層で行為の選択がなされた後、運動中枢に伝えられ、ブレーキを踏むという行為が引き起こされることになります。

またこの一連の過程は〝赤信号だからブレーキを踏もう〟というエピソード記憶として短期間保持されます。この短期エピソード記憶と非言語的な〝赤色の印象〟で構成される志向的情報の表現形式（様相）が、赤さの感覚質（qualia）と表象（representation）に変容して、意識として現れるのです。

私たちは脳神経系のはたらきの内容を、意識を通してしか知ることができません。したがって、脳神経系のはたらきの内容と意識の内容を区別できません。

たとえば、私たちが愛するものを失ったときの悲しみ、喪失感の背景には、脳神経系において共感や絆によって結びついた対象を失ったときの神経修飾物質の分泌やホルモンバランスの崩れなどによる身体反応があります。こころの世界における悲しみや喪失感は、脳神経系の機能的はたらきであって、意識のはたらきではありません。

したがって悲しみや喪失感を癒やすのは意識ではなく、物理的なもの、たとえば医学的な治療やセラピー、他者との絆の強化、あるいは信仰によって、スキーマの再構築を図ることが有効という常識的な結論になります。

意識を分析する

意識それ自体は私の内に現れる（現象する、あるいは生起する）何か、としか言いようがありませんが、意識の内容は私の内的状態と外的世界を志向的に表現しています。これは意識内容が脳神経系における機能的活動、例えば感覚、認識、思考、行動の選択などを何らかの形で反映していることの表れでしょう。

また脳神経系の機能的活動は脳神経修飾物質や薬物（ドラッグ）によって強く影響されることが知られており、この影響が快・不快の感覚や喜怒哀楽の感情、あるいは幻覚として意識に現れるものと考えられています。

自己に関わる意識、たとえば自己同一感覚や「私が思考や行為の主体である」という自己感覚を引き起こす原因も脳神経系における認識機能にあると考えられます。

意識内容は脳神経系の機能的活動を反映しますが、意識に現れる内容と脳神経系における機能活動において表現される形式は全く異なります。例えば意識される「2＋3＝5」という表象は、脳神経系では特定の複数部位に分散された多重化・階層化されたニューロンネットワークの励起パターン形式で表現されています。

意識内容が脳神経系の機能的活動を反映するだけのものならば、意識は脳状態に対して因果的効力を及ぼさない（意識の非因果性）ことになり、「私は意識的に考え行動している」という私たちの常識的な直観に反します。この問題は第6章でとりあげることにします。

意識の現在性というのは、現在、過去、未来にかかわらず意識は現時点で現象するという事実のことです。つまり過去を想起し未来を推則することは過去や未来ではなく現時点での作業です。現時点で生起する単独の現象が時間の経過とともに次々と入れ替わる様子を、私たちは〝意識の流れ〟と呼びます。

私たちが感じるのは短時間で生起・消滅する単独の出来事ではなく、経時的に流れる意識内容、すなわち脳神経系において概念化された知覚や思考の内容です。

一般に概念そのものをタイプ（type）、その概念で指示される個別の対象をトークン（token）と呼びます。たとえば文はタイプであり、事象として生起することはありませんが、発話は個別のトークンとして生起します。これを生起する意識現象にあてはめれば、意識とは短時間で生起・消滅する個別のトークンが時間の経過とともに次々と入れ替わり、タイプである意識の流れを形成することといってよいでしょう。

生起とは、新たな存在が誕生することです。真空あるいは無からこの時空世界が誕生したのも生起です。生起した存在は誕生の瞬間を含む先行事象からは構成できない、すなわち還元できません。したがってトークンとして生起した意識は独我論的（外界と無関係に存在すること）なものです。ところが意識の〝内容〟は脳神経系において概念化された知覚や思考の内容であり、世界を志向しています。つまり意識の内容は独我論的なものではなく志向的なタイプです。

殆どの心身活動が無意識のうちに行われていることから、意識されるのは脳神経系における機能的活動のほんの一部に過ぎないように思われます。私たちが知覚したり考えたりするのは脳神経系のはたらきです。そのはたらきの内容が感覚質や表象に形を変えて（変容して）私たちに意識として現れます。

では脳神経系のはたらきの全てが意識として現れるかというと、そうではありません。スポーツや車の運転、会話や読書など手順がほとんど決まっているような動作や会話では、その多くが事実上無意識の状態でなされています。

無意識（unconsciousness）とは、知覚や思考のはたらきは正常に機能していても、そのはたらきの内容に気づいていない状態のことだと言ってよいでしょう。つまり、脳神経系のはたらきには意識として現れるものと、現れない（無意識）ものがあることになります。スポーツや名人芸といわれるものの極意は、トレーニングによって、如何に気づくことなく感覚機能と運動機能を結びつけるかに尽きると言われています。

意識と無意識を隔てる脳機能が何かは今のところはっきりしませんが、ひとつの可能性として前頭皮質、頭頂皮質、前帯状皮質、及び大脳基底核の一部から構成されるワーキングメモリ（Working Memory）と呼ばれる一時的な記憶領域が関与していると考えられています。

ワーキングメモリには音声／視覚／空間情報を統合し、知覚や思考のはたらきに注意

(attention)を向ける、注意の焦点(focus of attention)と呼ばれる機能があることが知られています。この注意を向ける(気づきの)機能が意識と無意識を隔てている可能性があります。

脳神経系が知覚や思考情報に自発的に注意を向ける、すなわち気づくのは、その情報が既に知られたものではない、あるいは既存情報と辻褄が合わない場合だけでしょう。なぜなら通常とは異なる知覚や思考情報だけを処理すれば脳神経系の処理効率を上げて負担を軽減するからです。すなわち意識として現れるのは、注意の焦点に移った知覚や思考だけと考えられます。

意識の内容は膨大な情報を含みますが、注意の焦点であるワーキングメモリの容量には限界があり、同時に処理できる内容には限りがあります(数語程度と言われています)。このためワーキングメモリに移るのは小数の目印(chunk)だけと考えられます。それを手掛かりにして、膨大な量の長期記憶(意味や画像、音、匂い、味、感触情報など)の階層を検索して構成される、ひとまとまりの情報が意識に現れるのです。

ワーキングメモリでの処理時間は短く（1秒以内）、その内容は時間の経過に従って次々と入れ替わります。その結果、トークンである意識のフレーム（frame）が時間の経過に従って（通時的に、diachronic）次々と入れ替わり、統一された〝意識の流れ〟を構成しているように見えるのです。意識に統一感を与えるのは概念ネットワークにおける概念間の関係性であると考えられ、意識そのものの性質ではありません。

安静時に表れる空想、想像、白昼夢などはマインドワンダリング（Mind wandering）と呼ばれ、意識と無意識状態の中間にあるデフォルトモードの脳状態によって形成されると考えられます。したがってマインドワンダリングは気づきとして意識に現れることもあれば無意識の経験として記憶されることもあります。このようなマインドワンダリングの内容が、通常の思考を超えた新しいアイディアを生むものと考えられます。

情報様相の存在論的転移

自然界には非物理的な意識現象と物理的な身体と脳神経系のはたらきを媒介する何らかの法則的（low-like）なしくみが存在するとすれば、それはどのようなものでしょうか。

恐らくそれは既知の物理法則の範疇にないものでしょう。既知の物理法則の範疇にないものは既知の物理法則によって検証できないため、合理的な議論の対象にならないと考えられるかもしれません。しかし既知の物理法則で説明できないという理由で、私たちに意識が現れるという経験的事実を否定することはできません。したがって意識について既知の物理法則の範疇を超えた視点からの議論が非合理的で意味がないとは言えません。

前節では、私たちが経験する意識現象を分析することによって、意識が短時間で生起・消滅する個別のトークンであり、それが時間の経過とともに次々と入れ替わり、タイプである意識の流れを形成すること、また意識は脳神経系の気づきの焦点と呼ばれる中枢（ワーキングメモリ）における機能的活動を反映すること、脳神経系の機能的活動は志向的情報が担っている、などと考えられる十分な理由があることがわかりました。

意識に現れる内容は、脳神経系で処理される情報の志向的内容そのものですが、意識の現れ方は脳神経系におけるそれとは異質であり、それらの間には超えがたい説明ギャップがあります。この説明ギャップを見かけ上のギャップと捉えるのが言語論や心理学の立場ですが、見かけではなくより本質的で根源的な存在論レベルで生じる〝存在ギャップ〟と捉える立場があります。

存在ギャップをもたらす存在論の枠組みの例としてはデカルトの実体二元論がありますが、本書では物質とそれを起源として生起し、短時間で生成消滅をくりかえす意識、という動的な存在論的枠組みを想定します。

この意識の生起と消滅という時間を含むダイナミックな存在論的構図を、ある瞬間で切り取れば、物質的なものと現象的なものという二つの異なる存在論的カテゴリが志向的意味を共有するような枠組みを描くことができます。このような枠組みのことを、物質世界と現象世界の疑似二元論（Quasi Dualism）と呼ぶことにします。

疑似二元論がデカルトの二元論と異なるのは次の二点です。

(1)　現象としての意識は物質的なものを起源として生起する存在である。生起する存在は生起の瞬間を含む先行事象に還元不可能であり、独我論的なものである。つまり意識が生起した後には、意識と物質は独立した存在であり、意識が物質（脳状態）に効力を及ぼすことはない

(2)　独我論的な意識は、生起の際に物質的世界の志向的性質を、いわば背景の〝地〟

として継承する。このため独我論的な意識の内容は物質世界を志向する

では独立した二つの存在論的カテゴリが志向的内容を共有するような存在論的枠組みとはどのようなものでしょうか。私たちの身近に参考になる事例はないでしょうか。

たとえば水から氷への物理的相転移では、水の分子構造H_2Oを保ちながらその分子間結合状態が変化して氷の相に転移します。また報道のメディア（担い手）が新聞からラジオに変わるとき、報道の表現形式は文字から音声に変わりますが、報道内容に変化はありません。このような身近な事例とのアナロジーから、次のように意識の生起モデルを考えましょう。

脳神経系で機能する情報（志向的情報）の表現形式（様相、mode）が存在論的なある種の転移（物理的な相転移の類いではない）によりトークンとしての意識を生起する。転移に伴い、情報の表現形式は変容するが情報の志向的内容（contents）は意識の内容に引き継がれる。

具体的には、脳神経系で志向的情報を担う情報様相（mode）が存在論的に転移し

て意識が生起し、新たに志向的情報を担うと考える。この際、脳神経系における情報の志向的内容（contents）は存在論的転移によって変化せず意識の内容に継承される。したがって生起する意識の内容は外部世界についてのもの、すなわち志向的である。

意識の生起過程が非物理的なものである以上、その実像を合理的に定式化することは不可能に近いでしょう。したがって右記の意識の生起モデルは情報という切り口からの観念的な定式化ということになります。

このモデルでは、情報の表現形式が変容する仕方は脳神経系における情報の抽象度に応じて異なり、前言語的で感覚的な情報は感覚質（qualia）に、また言語的・抽象的な情報はそこに含まれる記号（symbol）形式を保ったまま表象（representation）に変容すると考えます。

具体的には、手足への神経刺激は「痛覚」を表現する志向的情報を形成し、それは反射的な身体的反応を引き起こすと同時に思考中枢において言語化されて原因の推測や対応すべき行動の選択などに利用されます。この痛覚を表現する非言語的な情報が様相の存在論的転移によって、〝痛み〟という感覚質として意識に現れます。

また創作や研究活動のような一見高度で複雑に見える知的行為も、脳に蓄積された膨大な知識のデータベースを基に脳が処理し得る単純で操作可能な要素への置き換えによる逐次的、段階的な情報操作と考えられます。そこでの情報操作が思考（記憶、想起、推論、行為の選択など）です。操作過程の多くはルーティン化されますが、手順にない部分は気づきの中枢（Working Memory）に移動し、それが意識に心象として現れると考えられます。

快・不快の感覚や喜怒哀楽の感情には脳神経系における機能としての側面と、それが意識として現れる現象としての側面がありますが、私たちがそれらを区別することは困難です。感覚や感情には先行する機能的な事象があり、それが契機となって分泌されるセロトニンやアドレナリンなどの神経修飾物質などの作用によって感覚的・感情的な志向的情報が形成されます。この志向的情報は身体に影響を与え、また高次の抽象的思考層で処理されて思考、行動に影響を及ぼします。つまり感覚や感情の本質は脳神経系における機能にあり、意識はこれらの脳状態を受動的に反映するに過ぎません。

人や動物などの認識主体は、外部世界における物質的秩序を、認識主体にとって意味のある新たな秩序、すなわち概念的秩序に変換します。この概念的秩序によって認識世界が形成され、その世界で機能する情報処理プロセスの一部が非物理的な意識として現象すると考えられます。この物質・概念・意識の関係を色の経験を例に説明すれば次のようになるでしょう。

外部の物質世界における6000オングストローム近傍の光の波長は、脳神経系の概念化機能によって人にとって意味のある〝赤色情報〟を作り出し内的な認識世界を形成する。認識世界で赤色情報はニューロンモジュールにエングラムされ、脳神経系における機能的活動の様々な局面（赤信号で止まるなど）で利用される。この認識世界での赤色情報の表れ方（情報様相）が存在論的転移により〝赤さ〟という表れ方に変容し、意識世界に現れる。

意識の生起モデルは脳神経系で機能する志向的情報の表現形式が存在論的に転移するという既知の物理法則の範疇にない仮説に基づくため、既知の物理法則によって検証できません。そこで第6章では、このモデルが私たちの日常的な経験的事実とどのように整合するのかを検討することにします。矛盾なく整合すれば、このモデルは少なくとも思考可能な仮説のひとつということになるでしょう。

コラム―エリザベートの問い

精神が身体に宿るとはどのようなことでしょうか。これを最初に合理的に考察したのは17世紀の数学者であり自然科学者でもあったデカルトだと言われています。彼は精神と身体とは、ちょうど様態が事物から区別されるように異なる実体だ（例えばボールの丸さはボールがなくても存在する）、しかし両者は相互依存すると考えました。

また精神が身体とは別のものならば身体が死んでも精神は不滅だという主張について彼は著作『省察』の中で、精神の不滅は哲学の問題ではなく宗教の問題であると述べて巧妙に議論を避けています。この背景には、デカルトの時代はガリレオの宗教裁判から間もないころだったため、当時のキリスト教会への配慮があったものと思われます。デカルトは科学者として精神の不滅を主張したわけではないようです。

精神という言葉は、今日ではこころの理性的な側面や、魂などの霊的な側面を表すことが多いようですが、デカルトは精神という言葉を、悟性（合理的思考の能力）、こころ、意識などと使い分けています。彼が「精神は身体とはちがった実体だ」というときの精神とは、疑ってもそれ以上疑うことができないcogito（我想う）を指します。私は疑い、理解し、肯定し、否定し、意志し、あるいは想像し、感覚するものです。このとき想像し、感覚するものがたとえ幻覚だとしても、それを私が思うこと、あるいは意識すること自体は疑い得ない事実であり、それは身体とは区別される次元の出来事だと言います。

デカルトはまた意識のうちの事物の像、すなわち意識の内容は普遍的なものによってつくられていると考えました。この普遍的なものが何かについては彼の動物機械論がヒントになります。彼は精神を持たない動物は自然法則に従う自動機械であり人間の身体もまた心臓を一種の熱機関とするきわめて精巧な自動機械にすぎないのだが、動物と違って人間には精神があり、それが身体と一体になって人を形作っていると考えます。つまり精神（悟性、こころ、意識）が普遍的な自然法則が支配する身体と相互作用することによって精神の内に事物の像を作り出すと考えました。
デカルトは私たちを取り巻く物質世界は、私たちが感覚で把握するようなものではないが、確かに存在すると考え、そのような物質的世界の存在を前提として非物質的な実体である精神が存在すると考えました。

エリザベート（Elisabeth von der Pfalz, 1618–1680）は、プファルツ選帝侯フリードリヒ5世の長女としてドイツの西南部（現在のマインツを中心とした地方）で誕生しました。エリザベートの叔父は英国王チャールズ一世です。エリザベートが誕生したのはプロテスタントとカトリックとの対立による宗教戦争（三十年戦争）が始まったころです。この戦いにエリザベートの父、フリードリヒ5世が巻き込まれて国を失い、叔父のオレンジ公をたよって一家はオランダに亡命しました。この後、エリザベートはオランダやドイツ各地で生涯を送ることになります。その間、ローマ法王を通じて王族との結婚話もありましたが、カトリックへの改宗が条件だったため断念したということです。しかしこのような境遇はエリザベートにとって学問に集中し思索を深める良い機会となりました。エリザベートは当時多くの学者の批判や論争を引き起こして注目されていたデカルトが１６４１年に出版した『省察』に大いに興味をひかれ友人にその感想を述べています。これを伝え聞いたデカルトは早速エリザベートを訪問したと伝えられています。

デカルトは彼の著作を当時の誰よりも的確に理解し批評するエリザベートの知性に驚くと同時に、そのような知性の持ち主との対話を心から喜んだといわれています。これ以降、エリザベートはデカルトと文通を通じて交流を深め、それはデカルトが亡くなるまで続きました。エリザベートのデカルトとの文通の内容は情念や道徳などについて多岐にわたりますが、中でもデカルトの著作『省察』に対するエリザベートの問いは注目に値します。それは、

「〝省察〟では心と身体を実体として区別するが、同時にそれらは合一したものだと言う。これは矛盾ではないか」

というものです。ここで実体的存在というのは他に依存することなくそれ自体で独立しているもののことです。他に依存することのない実体的存在であるここ

ろが身体と合一したものだというのはおかしいのではないか、というのがエリザベートの問いでした。

デカルトは、心身は実体的に区別されるという今日では実体二元論と呼ばれる学説で有名です。しかし現実にはこころと身体は密接に関わり合っているというのが私たちの経験的事実ですから、実体二元論を主張するのであれば、同時に心身の相互作用についても説明する必要があるでしょう。

エリザベートの問いに対しデカルトは、

「心と身体（すなわち心身）は実体的に区別されるが、同時に動物生気を介して脳の松果体において相互作用する」

と説明しています。

しかし心身が相互作用するのならば、なぜ実体として区別できるのでしょうか。この問題をデカルトがどのように考えていたのかは明確ではありませんが、今日言われるように単純な二元論的な枠組みを描いていたのではないと思われます。

本書ではこころを意識と脳機能という二つの側面から捉えます。こころが持つ脳機能の側面は身体のカテゴリに含めることができますから、デカルトの言うこころと身体の関係は本書では〝意識〟と〝脳を含む身体の機能〟の関係ということになります。

この関係を、脳機能を担う情報の様相が存在論的な転移によって非物理的な意識として現象するという仮説によって説明を試みました。

しかしこの説明は非物理的な意識と、物理的な脳を含む身体の関係について、それらを媒介する自然法則の存在を予想したに過ぎず、その法則を演繹して（原理に基づいて）論証しているわけではありません。結局、本書もエリザベートの問いにはちゃんと答えていないことになります。

第6章 意識の受動性と常識心理学との整合

意識の生起モデルによれば、現象的意識は受動的なものであり、脳状態に能動的な効力を及ぼしません。このため私たちが抱く常識心理学的な感覚、たとえば「意識が私の思考と行為を支配している」という感覚と整合しないように思われます。

また意識が受動的なものならば、それは人の思考や行為に何の影響も与えないことを意味します。すなわち人には意識が現れなくても、人の思考や行為は必要十分に成立するのです。このように人にとって、あってもなくてもよいような意識を私たちが経験することにどのような意味があるのでしょうか。

そこで本章では意識の生起モデルの帰結が私たちの意識体験とどのように整合するかを考察することにします。

知覚や思考、行為の主体は誰か

私たちは、知覚や思考した事柄、そして行為はすべて「私がした」ことと考えます。意識するにせよ無意識にせよ、知覚や思考、行為の主体が私であることを行為者因果性と言いますが、私たちはこの行為者因果性を自明のこととして受け入れています。

しかしこれは自明なことではありません。人を含む動物にとって自他を区別することは基本的な生存要件のひとつですから、行為者因果性には必然性があるはずです。おそらくそれは進化の初期過程で獲得された思考の基本様式だと考えられます。この思考様式には思考によってアクセスできないため、私たちは思考の内容を疑うことはできても、思考様式そのものに気づくことはありません。

行為者因果性は、Davidsonによれば行為者の理由（reasons）に基づく因果性であり、理由は行為を振り返った後の再記述（re-describe）だとされます。理由が行為後の再記述だというDavidsonの主張が正しければ、自他の区別と同様に私たちの脳神経系には行為後に行為に至った経緯を想起した上で再構築して理由を後付けるような思考様式が組み込まれていることになります。

自他を区別し、理由を後づけるような思考様式が脳神経系の機能として備わっていることは、近年の神経科学の成果から裏付けることができます。それはポストディクション(postdiction)と呼ばれ、前庭皮質、偏桃体、海馬が連合してはたらく脳機能のひとつです。

ポストディクションのメカニズムを紹介する前に人間の記憶について触れておきます。人間の記憶には短期記憶と長期記憶があることが知られています。感覚記憶は目や耳などの感覚器官で受け取った情報を一時的に保存する短期記憶です。自分にとって必要ない情報や関心のない(気づきのない)情報は直ちに感覚記憶から消去されますが、注意が向けられた(気づいた)情報はリハーサル、すなわち反復、あるいは他の情報と関連付けることによって、半永久的に情報を貯蔵できる長期記憶領域に送られます。

長期記憶には「手続き的記憶」と「宣言的記憶」があります。手続き的記憶とは、反復練習によって意図しなくても使うことができるような、たとえば自転車の乗り方、ピアノの弾き方などの記憶です。人の活動の多くは手続き的記憶によると考えられます。

宣言的記憶とは知識や経験などを言葉で説明する記憶であり、それには「意味記憶」と「エピソード記憶」があります。意味記憶とは言葉の意味や数式などを学習により獲得した記憶のことで、覚えようとする意図がないと覚えられません。

エピソード記憶は、個人が経験した出来事についての陳述的（descriptive）な記憶です。出来事の内容と共に出来事を経験したときの時間と空間的状況、及び意識に快・不快や喜怒哀楽などの感情として現れる身体的感覚が記憶されます。エピソード記憶にはタグ（目印、tag）が付けられ、これによって意味記憶と結び付いています。何かを思い出そうとしているとき、脳ではタグによるネットワーク検索をしているのです。

エピソード記憶は認識的自己が主体となり過去や未来に投影する想起や想像を首尾一貫した出来事として記憶し、想起の際に認識世界の枠内で辻褄が合うように後追いで修正します。つまり脳神経系は、現在起きている事象を忠実に映し出すのではなく、入力情報をもとに〝現在〟を解釈し作り上げ、またすでに起こった複数の事象を包括的に解釈した上で記憶の再構成を行い、〝過去〟を作り上げているといってよいでしょう。

なお想起について大森は、

再び知覚するのではなく、再現・再生することである

と述べて、想起が記憶の再構成であることを示唆しています。

つまり、脳神経系における情報処理によって行われた意思決定が、あたかも私（認識的自己）が行ったかのように修正されることがポストディクションの典型です。

認識的自己（epistemic self）は脳神経系の認識層における上位概念（マクロ概念と呼びます）であり、他者の一人としての自己像です。認識的自己は思考や行為に関わるあらゆる陳述的、命題的な文脈において主体の役割を演じます。なお認識的自己概念が意識として現象したものが現象的自己（phenomenal self）です。

ポストディクションによって認識的自己に心的態度（信念や欲求など）が帰属し、たとえば「私が思考し、意志を持って行動したので成功した」のような文脈が形成されます。この文脈は、

認識的自己の意志（intention）が行為を引き起こし、それが原因となって成功という結果になった

という私の認識世界の枠組みの中で辻褄の合った表現になっています。それではこの文脈がポストディクションによって編集される前の脳状態はどのようなものだったのでしょ

うか。それはおそらく、

潜在的な欲求があり、それが顕在的な（言語化された）目的に発展し、それを実現するための手段を選択して実行し結果を得た。結果は満足するものだった

というような、単なる事実の時間展開だったと考えられます。そこには私の意志が行為を引き起こし、その結果成功したという因果関係はありません。

近年の脳神経科学の実証実験からは、文脈的な記憶のあるものは神経アセンブリ（cell assembly）としてエングラム（刻印、engram）されることが知られています。この事実からは、認識的自己概念や心的態度（欲求や信念、意図、意志など）、あるいは日常生活で使われる〝意識〟のような認識論的なマクロ概念が物理的にエングラムされていることが強く示唆され、これらのマクロ概念が後付け再構成を経て、行為者の意図（intention）に基づく因果的思考様式を形成するものと考えられます。

脳神経科学の視点に立てば、行為者因果的な思考様式は色の知覚(注6)と似て、錯覚（illusion）

といってよいかもしれません。しかし人はその思考様式に思考によってアクセスすることが不可能です。したがって行為者因果的な思考と行為、及びそれを前提にした倫理的な振る舞いは人に備わった真正（authentic）な性質と考えられます。

人の思考と行為は、脳神経系に組み込まれた行為者因果的な思考様式だけでなく、思考と行為選択の規範体系（スキーマ）によって決定されます（スキーマについては、「コラムこころの病はこころでは治せない」を参照）。私の考えや振る舞いを決めるのはスキーマであり、心的動機（意図や意志、欲求）が直接の原因ではありません。心的動機と呼ばれるものは先行事象が発展した脳神経系におけるマクロ概念であり、それがスキーマに反映されます。そのため、結果的には心的動機が原因となって思考や行為が決定されるように見えるのです。

スキーマは私たち一人ひとりのそれまでの経験の蓄積によって構成されているため、新たな経験によって修正することができます。すなわち私の考えや振る舞いは意識することによってではなく、経験によって良くも悪くも変わるのです。

以上の考察は、次のように要約できるでしょう。

人の思考と行為は、脳神経系に組み込まれた行為者因果的（あるいは主体者因果的）な思考形式、及び個々人の思考と行為の規範体系であるスキーマによって必要十分に尽くされます。

たとえば人間らしさの特質のひとつと考えられる道徳や利他行為などの倫理観も、人とは自由意志などの常識心理学的な信念に基づいて主体的に考え、行動する存在であることが暗黙の前提になっています。そしてこの常識心理学的な信念は主観的錯誤の類いではなく、脳神経系に組み込まれた行為者因果的な思考形式を基盤とする、人に本来備わった本質だと捉えるべきでしょう。

したがって本書の主要なテーマである現象的な意識が物理的な脳状態に作用しないという客観的な見解と、私たちの日常生活の背後にある常識心理学的な信念や振る舞いの間には直接的な関係がないと考えて差し支えありません。

つまり両者は私たちが住むこの自然界では共に正しく、矛盾なく両立する（compatible）と言ってよいでしょう。

コラム――ロボットスーツ

たとえば人が歩くとき、はじめに私たちが意識して〝歩きたい〟と思い、それが脳神経系を通して歩く動作に必要な信号をそれぞれの筋肉へ送り出している、つまり意識があって行為が生じるものと考えられます。

しかし私たちの生活には意識せずに、知覚が直接に行為を生じる場合が多いのも事実です。たとえば梅干しを見ると自然と唾液がでる、あるいは衣類ダンスや収納用ケースを開ける状況では、そこについた引き手を見ることが手前に引き出して開けるという行動を引き起こします。また分別回収用のごみ箱はペットボトルや缶、ビンなどのごみの入れ口が各ごみに応じた形になっていますが、こうした入り口の形状を見ることが、何を入れるのかという行動を引き起こします。

近年のBrain-machine Interface（ＢＭＩ）の応用のひとつにロボットスーツがあります。ロボットスーツは装着者が意識して〝歩きたい〟と思ったとき生じる微弱な生体電位信号を検出することによって各関節に装備されたモーターを制御して重い荷物を運ぶなどの人間の動作能力を拡大する装置です。

しかしこの説明では、スーツの装着者の〝意識して歩きたい〟という想いが生体電位信号を発生する、つまり心的な〝想い〟が物理的なはたらきを引き起こしているという誤った印象を与えかねません。この誤りは、私たちが意識して身体を動かしたいというときの〝意識する〟という言葉の使い方に原因があります。〝意識する〟は主観的な言葉です。客観的には〝意識が現れる（現象する）〟となります。現象は受動的なものなので、物理的なはたらきを能動的に引き起こすことはありません。このことを念頭においてロボットスーツが動作する客観的事実を説明してみましょう。

ロボットスーツの関節に装備されたモーターを制御する微弱な生体電位信号の発生源は、装着者の歩きたいという意識（consciousness）ではなく、歩きたいという意志（intention）です。意識は現象的で受動的なものですが、意志は歩く状況（又は環境）にあるという知覚が原因となって形成される物理的なマクロ概念です。

脳神経系で意志が形成される過程を遡ればスキーマに行きつきます。スキーマは思考や行動選択の規範体系として機能するニューロンネットワークで、ここに歩く状況（又は環境）にあるという知覚が入力されると、規範体系と整合するように〝歩きたいという意志〟に相当する脳状態（マクロ概念）が形成されて運動神経に伝えられます。この過程が生体電位信号として検出されることになります。

ロボットスーツに期待される実用的価値のひとつはリハビリへの応用です。健常者の身体では、脳から送られた生体信号を、それぞれの筋肉が受け取ることで、筋肉を動かすことができます。

病気や事故によって脳神経系で形成される運動指示信号を、運動筋肉につなげるニューロン接続が破壊され身体動作にマヒが残ることがあります。このような患者がロボットスーツを装着すると、先ず患者の歩き出そうという状況によって形成される意志（マクロ概念）によって生体信号が発生し、それが関節に装着されたロボットスーツのモーターを起動して歩行を強制します。

これを続けると、脳神経系の内部では、歩きたいという意志を表現するマクロ概念が形成する生体信号と、その信号による関節モーターの動きによって強制された関節筋肉からのフィードバック信号を感知し、両者のニューロン接続を少しずつ再構成するように学習する、すなわちリハビリの効果が期待されます。

意識して覚える、思い出すとはどのようなことか

記憶や想起には、それに先立つ自発的な脳状態や身体反応があると考えられます。たとえば忘れた人の名前を思い出そうとするのは、何かのきっかけで名前を思い出したいという欲求が脳神経系に生じたときでしょう。その欲求が原因となり、その人に関連する記憶が検索される連想想起の過程が「意識して思い出そうとしている」という行為者主体のエピソード記憶を構成し、それが意識として現れるのです。

検索に成功すれば身体的報酬として神経伝達物質（アドレナリン）が分泌され、「意識して思い出すことができた」というエピソード記憶が形成されて、それに伴う満足感が意識として現れます。

しかし、脳神経系での連想想起が繰り返されても思い出せないと、ニューロンネットワークが疲労し、自己防衛のための警告として神経修飾物質が分泌され、その不快な身体情報が意識に不快感や疲労感として現れるのでしょう。

なお「意識して覚える、思い出す」というときの意識は意図（intention）のことで、現象としての意識（consciousness）ではないことに注意が必要です。意図は心的態度とも言

われ、それには遡った原因があります。つまり先行する無意識の諸契機によって心的態度という脳状態が脳神経系の認識層に形成されると考えられます。

意識状態を意識する

意識は客観的には、〝現れる〟ものであり、人が主観的に〝意識する〟ものではありません。したがって、〝私が意識する〟というのは物理的な事実ではなく、主観的な印象です。たとえばある人が、

「私は赤さを意識している」

と言ったとしましょう。すなわち、その人は「赤さを意識していることを意識している」という主観を述べています。このとき意識と脳状態の関わりは次のようだと考えられます。

１　〝赤さ〟がその人の意識に現れるとき、その人の脳神経系の認識層には〝赤

さ〟という感覚質（qualia）に相関する認識相関項（Epistemic Correlates of Consciousness: ECC）が存在すると考えられる。ECCの実体は大脳皮質内における機能的な細胞の集団（セルアセンブリ）であり、これが赤色情報を符号化している。

2　脳神経系が自身の内部状態（赤さの認識相関項、ECC）へ自律的にアクセスすることによって認識層では、

……（認識主体である）私が赤色情報にアクセスしている……

という主体因果的な自己分析が無意識になされる。この自己分析の内容は言語化され、赤色情報は〝赤さ〟という感覚用語に、またECCにアクセスしている私の行為に対しては〝意識〟という一般用語にそれぞれ置き換えられ、

……私が赤さを意識している……

という陳述的なエピソードが脳神経系の認識層に形成される。

３　そのエピソードが「私は赤さを意識している」という発言を引き起こす。同時にそのエピソード内容の非言語的な情報は〝赤さ〟という感覚質（qualia）に、言語的な情報は〝私が意識する〟という表象として発言者の意識に現れる。

意識状態を意識することはいわゆるメタ意識、すなわち意識の状態があり、さらにそれを対象として意識することではありません。それは意識現象の性質ではなく、脳神経系において自己概念の視点を移動できるという性質によるものです。つまり「私は意識していることを意識している……ということを意識していることを意識している……」のように認識視点を無限後退できる性質です。

コラム——信念（belief）

脳神経系には抽象的・理念的な概念を形成する機能的なはたらきがあります。このはたらきによって人に特徴的な信念体系、たとえば信仰や思想（イデオロギー）が生み出され、人類の文化・文明の形成に大きな役割を果たしています。

こころの世界で重要な位置を占める信仰や思想などの信念体系は、脳の機能的なはたらきであり、そこに意識が関わることはありません。なぜなら意識は脳の機能的なはたらきを受動的に映し出すだけで、脳の機能的なはたらきに影響を及ぼさないからです。しかしこのような考えは、信仰や思想の形成が単に機械的になされ、私たちが主体的に関与しないのではないかという誤解を生むかもしれません。

この誤解は私たちの〝主体的な関与〟が、こころの現象的側面である意識のはたらきによるのではなく、こころの機能的なはたらきによることを理解すれば杞憂に過ぎないことが明らかになるでしょう。そこで、このテーマについて親鸞とパウロの信念を例にとりあげて考えてみましょう。

鎌倉時代前半から中期にかけての日本の仏教僧、親鸞の信仰に対する姿勢は、自らの計らい（思慮分別）を捨てて弥陀の本願に頼ること、すなわち他力本願と呼ばれることはよく知られています。興味深いことに、この親鸞の姿勢は初期キリスト教の布教者パウロの姿勢と同じです。

パウロによれば救いとは人の弱さや誤り（自我への執着）を許す神から一方的に与えられる真実（親鸞の言う回向）であり、神に何かを捧げ、またはたらきかけた報いとして与えられるものではない、すなわち神と取引するものではありません。また信仰とは思慮分別や己の努力（すなわち自力）で得られるものではなく、神が与える真実に対して人間が誠実に受身の姿勢で受け取るものです。これらのパウロの言葉は〝神が与える真実〟を〝弥陀の本願〟に、〝誠実に受身の姿勢で〟を〝自らの計らいを捨てて〟と読み替えれば親鸞の信仰の姿勢と同じです。

このように親鸞とパウロは、信仰について同じような信念を持っていますが、利他行為や隣人愛の捉え方には違いがあるようです。パウロはキリストがしたような利他行為や隣人愛に強く影響されますが、親鸞は、それらは信仰の問題ではなく自然法爾《じねんほうに》、すなわち人に備わった自然のはたらきが発露したものだと言います。

親鸞86歳の手紙『自然法爾の事』によると自然法爾とは、人間の計らい（思慮分別）を超えた、あるがままの自然のはたらきです。ここで自然《じねん》というのは文明化された人間世界を含む自然界を指し、また法爾《ほうに》とは、自然界のはたらき（法則）は人間の計らいを超えたもので、自ずとそのようになるという意味です。

親鸞によれば、利他行為や隣人愛のような倫理的振る舞いは人間社会における自然法爾であり、自分が救済されるために計らって行うものではありません。この親鸞の自然観は歴史上の釈迦の因縁観、すなわちこの世界には創造神を含めて独立自存するものはなく、あらゆる事象が相互依存して成立するという教えに影響を受けていると考えられます。

意識の受動性という本書の主張によれば、意図的な人間の計らいや思慮分別とか努力は脳神経系の自律的なはたらきであり、したがって人は自らの計らいに自らが関わることができず、信仰に対する親鸞やパウロの姿勢が成り立たないのではないでしょうか。この点については次のような解釈が可能と思われます。

親鸞は、そもそも人が自らの計らいを捨て去り信仰を守り通すことは難中の難（難中之難無過斯）であることを認めています。人はなろうとして善人になれるような存在ではなく、状況によっては意図せずに他人を傷つけることもあるという点では悪人なのです。このような人間の否定し難いネガティブな本性（自我への執着）を謙虚に自覚することが、信仰への第一歩になるというのが親鸞の立場です。これは〝誠実に受身の姿勢で神が与える真実を受け取る〟というパウロの姿勢に通じるものです。

ここで問題になるのは、謙虚で受身の姿勢をとろうとすること自体が脳神経系のはたらきであり、意識してそうしようとするものではないということです。ではは人はどのように謙虚で受身の姿勢をとることができるのでしょうか。それには人の思考や行為選択の規範体系としてはたらく脳神経系のスキーマが重要な役割を演じます。

スキーマは先験的なものや伝統・文化、学習などの経験的内容によって構成される巨大な神経ネットワークです。スキーマは意識によって変えることはできず、所属する集団の文化や、学習や訓練、及び先立つ思考や行為によってのみ更新されます。たとえば親鸞やパウロの説法を聞くという経験は、聞く人の既存のスキーマの中で整合が図られ、その結果スキーマ全体として辻褄が合ったとき、謙虚で受身の姿勢をとることを納得し（信念が形成されて）行為に結びつくと考えられます。同じ説法を聞いても、その人の既存のスキーマと整合が取れなければ受け入れることができないでしょう。

人の信念は、その人のスキーマ、すなわち脳神経系が形成する抽象的・理念的な概念と日々の経験の蓄積によって作り出されます。たとえば親鸞の他力思想という信念は彼の師である法然に触発されたものですが、その後、その根拠を多くの経典に求めるという膨大な作業（『教行信証』の執筆）を通して徐々に醸成されたと考えられます。

スキーマは日々の思考や行為の経験によって更新されるため、人の信念は絶対不変というわけではありません。したがって、特別な経験によって一夜にして世界観、すなわち信念が変わるということも実際に起こり得ます。

たとえば、厳格なユダヤ教の信者だったパウロの回心がよい例でしょう。伝説によればパウロは紀元34年ごろキリストの肉声を聴き視力を失ったことがきっかけになり回心したと伝えられています。このとき彼のスキーマに何が起こったのでしょうか。想像するしかありませんが、おそらく彼の既存のスキーマには厳格なユダヤ戒律に従ってキリスト教徒を迫害することに対する無意識の疑問と葛藤があったのでしょう。それがある日の特別な経験がきっかけとなり、彼のスキーマに大転換が生じた（回心）と考えられます。

親鸞とパウロの信念は彼らの個人的なスキーマを反映していますが、そこには共通する普遍性があります。また彼らの信念が信仰として広まったのは彼らの言葉を受け入れる素地を持った人々が多数存在したためでしょう。このことからも個々人のスキーマの間にはその人固有の部分と共通する部分があることがわかります。

信念はこころの機能的なはたらき、すなわち思考と行為選択の規範体系であるスキーマ、及び主体者因果、行為者因果的な思考様式、自覚と反省などの自己分析的過程が組み合わされて形成されます。このため、こころの現象的側面である意識が信念の形成に関与しないとしても、信念は人の自由で主体的な脳神経系における知的活動によって既に形成されているのです。

信念体系（信仰や思想）について考察し議論しようとすれば、それを単に自由で主体的なこころの問題として取り扱うのではなく、個々人のスキーマの構造分析に着目すべきでしょう。

たとえば宗教や思想の対立はその背景にあるスキーマの対立であり、その構造分析によって対立点が明確になると考えられます。また未曾有の災害やネットで広がる偽情報などによる個々人の信念と行為への影響の程度は、個々人が持つスキーマによって大きく左右されます。このような社会問題の考察にも個々人のスキーマの時系列的な構造分析が有効でしょう。

個々人のスキーマの構造解析の方法論は現時点では未開拓の研究分野です。しかしそれは基本的には技術の問題なので、今後行動心理学、脳神経科学、認知科学、情報科学などの分野で研究が進むものと思われます。

現在でも個人のネット検索情報からその人の興味や行動傾向を分析して、その人に必要と思われる情報を提供することが盛んに行われていますが、これも個々人のスキーマの構造解析の初歩的な試みと考えてよいでしょう。

ＡＩに意識は現象するか？

人工知能（ＡＩ）は文字通り人の知能（intelligence）を機械（センサーやコンピュータ）によって人工的に模したものです。囲碁・将棋や自動運転、会話や翻訳の他、農業、産業、教育、行政、医療、介護などの分野でも急速に実用化されつつあり、２０３０年ごろには、18世紀の産業革命、20世紀中ごろの情報革命以来の大規模な社会的・経済的革命に突入するものと考えられています。

ＡＩは人の知能に欠かせない知識を、学習（機械学習）して習得します。機械学習とは、プログラムによって明示的に指示しない学習法のことで、その方法には〝教師あり学習〟、〝強化学習〟、〝教師なし学習〟があります。教師あり学習は、入力に対する正しい出力が教師信号として与えられ、実際の出力との差がゼロになるまで処理を繰り返します。強化学習は、得られる〝報酬（利点）〟が最も多くなるような行動を選択するという方法です。また過去の実績から将来の結果を予測するために、入力されたデータを確率・統計的手段によって分析することにより、役立つ情報（特徴や意味）を抽出するのが教師なし学習です。

人や動物の複雑な身体運動は知能とは無関係に制御されていることから、あらゆる状況に対応するようなＡＩ、たとえば自動運転などを知識やアルゴリズムだけで実現しようとすると処理が複雑になり、現実的ではありません。そこで複雑な振る舞いを多数の単純な振る舞いの要素（モジュール）に分割し、要素の階層構造を構築するという方法（サブサンプション・アーキテクチャ）がＡＩ技術と組み合わされ、自律型ロボットの駆動機構などに応用されています。

ＡＩの知能が人間を超えるのは時間の問題と考えられていますが、ＡＩをどこまで擬人化できるかについては今のところ不明です。人とのコミュニケーションを必要とする分野、たとえば介護やセラピーなどの現場では、知識だけでなく相手の意図や感情を理解し共感を示すような高次の機能を人工的に構築する必要があります。このような目的を実現するためにはビッグデータの確率・統計的分析による推論（すなわち教師なし学習）に加えてＡＩに自律性を持たせる次のような機能が必要と考えられます。

⑴　外部からの入力を自律的に（人の手を介さず）概念化（記号化、情報化、意味づけ）する。

(2) AI自身が自分の置かれた環境を把握し、コミュニケーション相手との関係の共通基盤を構築する機能。この共通基盤はAIが自律的に推論し、行動を選択する際の規範（スキーマ、schema）となる。

(3) 手順が決まった状況と非定常状況の差異を検出する機能。人間の〝気づき(awareness)〟に相当する。

(4) スキーマに従って優先順位の高い実現可能な行為を選択する機能。人間の〝行為の自由選択〟に相当する。

(5) AIがその処理履歴（log）を自ら分析することによって、AIが持つ認識システムをAI自体が認識する（メタ認識、人間の〝自己認識〟に相当する）。メタ認識機能によってAIがその規範（スキーマ）を自律的に検証し、必要に応じて更新する（人間の〝反省〟に相当する）。

脳神経系には人の共感や模倣に関わる神経部位（ミラーニューロン）の存在が確認されています。したがってAIが相手の意図や感情を理解し共感することは技術的には可能です。具体的には、人のしぐさや表情を分析し、そこから感情の特徴を検出して、それに対応した適切な態度を繰り返して学習する方法があります。

また人が美しいと感じる脳状態を検出し、その状態を教師として、人のこころに美的快感を呼び起こすような美術作品を制作する技術を繰り返して学習することも可能でしょう。このような方法で人の感情を理解し共感を示す、あるいは人のこころに美的快感を呼び起こすようなＡＩの実現は、現時点では技術的な困難はあっても、原理的には可能と思われます。

ではＡＩが他人の感情を理解し、共感することができたとして、ＡＩ自身が感情を持つことは可能でしょうか。あるいはＡＩが人のこころに美的快感を呼び起こすことができたとして、ＡＩ自身が美的快感を経験することは可能でしょうか。現時点でこの問いに明確に答えることはできませんが、それ以前にＡＩと人を区別することができるのかという本質的な問題があります。

この問題についてチューリング（Alan Turing, 1950）は、機械と人を区別するには機械が人のような知性を持ち得るかではなく、機械が人のように振る舞い得るかどうか、という観点からチューリング・テストを提唱しました。

この方法によれば、機械が人のように（自由意志を持っているように）振る舞い、それが機械かどうかを人が判別できなければ、機械に知性があるものと判定されます。すなわちチューリングによれば、ＡＩが人らしく振る舞えば、たとえＡＩが感情や意識を持たなくても人と区別することができないことになります。

チューリングの指摘は、突き詰めれば人同士にも適用できます。私たちは隣人の振る舞いからは、その隣人が感情や意識などを持っているかどうかを原理上は知ることができないのです。つまり哲学的ゾンビ（zombie）(注7)は実際に存在しないとしても、思考可能だということになります。

私たちは、人には感情や意識などのこころがあることが人らしい振る舞いに表れるものと信じて疑いません。しかし近い将来、人と区別できないように振る舞うＡＩに出会ったとき、私たちは人のこころとは何かを改めて問わざるを得なくなるでしょう。

デカルトは「人は動物と同じ機械的なものだが精神を持つ点で動物と異なる」と言います。これを本書の仮説に従い現代風に言い換えれば、

人はＡＩのような機能的なものだが受動的な意識を持つ点でＡＩとは異なる

ということになるでしょう。

ただし人と区別できないように振る舞うＡＩに意識が現象しているかどうかはチューリングによれば原理上知ることができません。したがって〝受動的な意識を持つ点で私とＡＩは異なる〟とは原理上断言できないことになります。

人に意識が現象することの意味

意識の生起モデルによれば、人の思考と行為は、感情（喜怒哀楽）を引き起こす生理学的な基盤を含めた脳神経系のはたらきによって必要・十分な説明が可能です。この脳神経系のはたらきの一部が感覚質（qualia）あるいは表象（representation）という表現形式（様相）に変容して意識として現れる（現象する）に過ぎません。

現象する意識は脳神経系のはたらきを受動的に受け取るだけなので、あってもなくても日常生活に困ることはありません。したがって動物学的、あるいは進化論的には必然性がないと考えられます。

必然性のないものの存在は可能ですが、必然性がない意識が私に現象することにはどのような意味があるのでしょうか。

この存在論的な問いは、世界についての志向的情報を形成し利用する物理的存在である認識主体（認識的自己、epistemic self）と、志向的情報の様相が存在論的転移して変容した情報を受動的に受け取る意識主体（意識が現れる主体、あるいは現象的自己、phenomenal self）の関係性に帰着すると考えられます。

すなわち両者を弁証法的に（存在論的に上位の枠組みで）調停する立場に立てば、意識は脳機能と共に〝私〟という実体を構成する要素になります。

しかし意識が必然的でなければ、意識主体は存在しないことが思考可能（conceivable）です。Chalmersの思考可能性論証によれば、存在しないことが思考可能なものは物理的なものではありません。

つまり意識は偶有的ではあっても、物質的な脳及びその機能とは区別される非物質的な存在ということになります。このような非物質的な意識の存在は、認識主体にではなく、意識が現れる主体（現象的自己）にとってのみ意味を持つことになります。

この議論をデネットのカルテジアン劇場に倣いエピステミック劇場（認識劇場）というメタファーで譬えれば、

「私とは世界を題材にして自らが脚本を書き、監督・主演して制作する映画を、自らが所有するエピステミック劇場（Epistemic Theater）で鑑賞するひとりの観客である」

と言ってよいでしょう。

このメタファーでは、観客が映画のストーリーに影響を及ぼすことはなく、したがってデネットが主張する論理的な無限後退、すなわち心身二元論では意識する私という存在自体がどのように意識しているのかを再度考えなければならず、その際に同じ論法を繰り返しても再度意識する私が現れ、無限後退に陥る、という事態を避けることができます。

また、映画の制作（脳神経における物理的な過程）と、それを鑑賞すること（意識に現れること）には必然性はありませんが、観客としての私にとっては鑑賞することに全ての意味があります。

まとめ

私たち一人ひとりが自然界における秩序形成プロセスの産物だという前提に立てば、私たちの内なるこころの世界と外部世界は分かち難く結び付いた、ひとつの秩序世界を形成しているものと考えられます。

本書では、私たちが生きる秩序世界を統一的に把握できるような存在論的枠組みとして、物理法則的な秩序が支配する物質世界と非物理的な自然法則が支配する意識世界が、志向的情報の内容を共有するような二重構造モデル（疑似二元論）を仮定し、その妥当性を考察しました。

この枠組みによれば、志向的情報の担い手としての意識は物質世界を起源として生起する現象であり、物質世界に因果的効力を及ぼさない独我論的な存在です。但し意識の内容は物質世界の志向的情報の内容を共有することから、意識が独我論的な存在であっても外部世界と〝非因果的に〟繋がっていることになります。

意識が物質世界に因果的効力を及ぼさないことは、意識は客観的には受動的なものだということです。しかし私たちの（間主観的な）常識では、意識は思考や行為にはたらきかける能動的なものです。

この食い違いは、脳神経系に組み込まれた主体者、あるいは行為者因果的な思考様式（ポストディクション）が、意識を能動的なものと見做す（錯覚する）ことによって生じます。

この思考様式は進化を経て人に本来的に備わったもの（intrinsic）と考えられることから、意識を能動的なものと見做す私たちの常識は人間にとって真正な（authentic）真実です。この真実と、意識が客観的には受動的だという事実は、矛盾なく両立すると考えてよいでしょう。

意識が受動的なものなら、人の脳神経系における思考と行為選択の規範体系（スキーマ）に意識が効力を及ぼすことはありません。スキーマは社会の伝統や文化的背景を基盤とし、個々人が日常的に経験するあらゆる内容（学習や技術の習得、他人からの影響など）を通して形成される大規模で階層的な神経ネットワークです。そこに現在の状況を当てはめることによって、個々人は現状を把握、考察、推論、行為選択して決定します。

個々人の思考と行為選択の規範であるスキーマの形成に意識が関わらないとすれば、従来漠然とこころの問題と考えられてきた分野、たとえば省察、人間関係、社会学、心理学、精神疾患、及び信念体系（倫理観や信条、イデオロギーなど）を、私たち一人ひとりのスキーマを構成する信念や知識、社会的・文化的背景の問題として捉えることができます。

では、受動的な意識は私たちの日常生活とどのように関わっているのでしょうか。実は、意識とその背景にある脳神経系のはたらきは分かちがたく重なっているため、意識が受動的であっても私たちの日常生活に何ら影響はありません。ただし、私たちは意識に囚われています。たとえば感情を意識の問題と捉え、それを意識によって解決しようとしてあれこれ思い悩みます。しかし意識は受動的なものなので、感情を意識のはたらきによって制御できません。

感情を制御し、悲しみや苦しさを緩和できるのは、その背景にある脳神経系のはたらき、特に思考と行為の規範体系であるスキーマです。スキーマにはたらきかけて、悲しみや苦しさなどの感情を緩和できる可能性があります。

スキーマは突き詰めれば物理的なものなので、その形成や修正は適切な物理的な経験（医療、セラピー、身体訓練、学習、他人とのコミュニケーションなど）によって可能です。これらの対処法が現に一般的に行われ、有効と考えられていることは、意識が受動的であることの確からしさを示しているのではないでしょうか。

「健全な精神は健全な肉体に宿る」という格言があります。本書の結論によれば、この格言は、「健全な意識は健全なスキーマに宿る」と言い換えることができます。意識が受動的であっても、肉体を鍛えるように適切な経験によってスキーマを鍛える（形成・修正・改善する）ことができるのです。

あとがき

著者のバックグラウンドは物理ですが、友人からは、物理屋がなぜこころ（意識、精神）に興味を持つのかと聞かれます。多くの人がそうであるように、おそらく友人は物理が支配する世界と、こころの世界をはっきり区別しているのでしょう。物理世界に興味を持つのが物理屋などの理科系、こころに興味を持つのが文科系の人間だというように。

しかし歴史を振り返れば、多くの科学者がこころを物理世界の対象として捉えてきたことも事実です。そこで問題になるのが私たちにとって疑い得ない意識を物理世界の対象として明確に定義できるのかどうかということです。

あくまでこころを物理世界の対象として追究しようとすれば、最終的にエピフェノメナリズムに行き着くという考えがあります。この説によれば意識は物理世界のものですが、物理世界には何の効力も及ぼしません。つまり人間を、意識して何かを考え、行動することのない精巧な自動機械と見做すのです。したがってこの説は人間性を否定するものと受け取られ、現在では積極的に支持されていません。

筆者はエピフェノメナリズムを否定しますが、意識が物理世界に何の効力も及ぼさないという考えは考察の価値があるように思います。つまり意識世界と物理世界を区別するという考えです。

このような考えは「人は動物と同じ自動機械的なものだが、精神を持つという点で動物と区別される」というデカルトの言葉にも見られる、後に実体二元論として知られる洞察です。

近年、科学者の多くは二元論そのものに否定的な態度をとっているようです。その理由のひとつが物理世界にない意識世界を想定すること自体が疑似科学、エセ科学と見做されるからでしょう。

筆者の考えでは、あくまでこころを物理世界の対象として追究し尽くすべきだと思います。しかし、追究しても尽くし得ないものが残り、それが物理世界に効力を及ぼさない意識だという仮説は思考可能だと考えます。

ただし、この仮説が成立するためにはいくつかのハードルがあります。ひとつは物理世界に効力を及ぼさない意識の内容（contents）が外部の物理世界を志向しているという事実、もうひとつが、私たちの脳で繰り広げられる思考や行為選択などの物理的プロセスに意識が全くかかわらないのは、私たちの常識に合わないことなどを合理的に説明する必要があります。

本書ではこれらのハードルについて、意識の生起モデル、及び事後説明的な思考形式（ポストディクション）によって説明を試みました。

ここで説明の根拠とした意識の生起モデルは、既知の物理法則の枠を超えた仮説であり、論理的に実証できません。しかし、このモデルは意識の経験的事実と矛盾しないことから、少なくとも考え得る仮説のひとつであるといってよいでしょう。

謝辞

本書の執筆にあたり、現象論の立場から慶應義塾大学の斎藤慶典教授、科学哲学的な考察については慶應義塾大学の西脇与作前教授から有益な助言を、また成城大学の福田敦史講師からは草稿全般について細部にわたる指摘と率直な議論をしていただきました。さらに人のポストディクション的な思考様式についてはＮＴＴフェローの柏野牧夫博士、推論の機能的カテゴリ化については玉川大学脳科学研究科の坂上雅道教授、計算神経科学については沖縄科学技術大学院大学の銅谷賢治教授から最新の研究動向などをご教授いただいたことに深く感謝いたします。

解説

（注1） カントの〝物自体のテーゼ〟

カントによれば、物自体とは事物の真の姿のことであり、私たちの内に現れる事物の姿（現象）と対比される。物自体は認識されることがないが、認識が成り立つためには物自体があると仮定しなければならないと考えた。

（注2） 弁証法

矛盾する諸要素を発展的に統一して高次の認識に至るヘーゲルが唱えた思考形式。

（注3） 形相と質料

〝形相〟とは本質（設計図）であり、〝質料〟とは素材にあたる。現実のものは質料という素材を形相という本質（設計図）によって形作られているというプラトンの考え。本書では脳神経系の機能を形相、脳神経系の機構（神経ネットワーク構造）を質料とした。

（注４）　決定論

世の中のすべての出来事は未来の出来事も含めて、因果関係によってあらかじめ決められている。どんな出来事も偶然起きるのではなく、原因があって起きるという、風が吹けば桶屋が儲かる式の考え方。

このため通常、自由だと考えられている人間の意志や行為なども、実は先行する原因によってあらかじめ決められていると考える。決定論によれば「私は自由だ」という意識は妄想である。それは自分の行為を決定する要因、さらにその要因を決定する要因、さらにその先の要因……という遡った因果の連鎖を知らないからであるとされる。

（注５）　社会科学を支配する秩序

自然科学の秩序を社会科学へ適用してよいのだろうか。この問題についてバスカー（Roy Bhaskar, 1944–2014）の次のような見解が参考になる。

一般に科学の合理性は実証することによって保障されると考えられるが、事実はそうではない。事象の規則性のほとんどは、条件付きで得られる。すなわち、

ある条件の下では、事象Aが起こるときはいつでもBが起こる

という但し書きが付いている。したがってそのような規則性は限定的な目的には利用できるが、一般的な法則とは言い難い。このことは自然科学にも社会科学にも共通して成立する。

ただし社会科学の規則性には、社会生活における個々人の思考と行動の規範体系であるスキーマとの相互作用が関わる。スキーマは物理法則の範疇にあるため、自然科学の秩序を社会科学に応用できると考えてよいが、自然科学の秩序にくらべて、より複雑さが増すのは避けられない。

（注6） 色の知覚

〝色〟と〝光の波長〟は違う。色とは物体表面の性質や光の波長といった物理的な性質ではなく、私たち人間の脳が創り出す感覚質（クオリア）である。したがって私たちの脳がなければ、この世界に色という概念は存在しない。

クオリアは物質的な性質ではないので、物質的なものに能動的にはたらきかけることはない。たとえば赤信号を見てブレーキを踏むという動作は赤さというクオリアによってではなく、視神経に入力される６０００オングストローム近辺の光の波長信号を基に脳に形成される〝赤色概念〟によって引き起こされる。赤色概念は脳内の神経モジュールに刻印された物理的なものであり、それが赤さというクオリアとして意識に現れる。

（注7）　哲学的ゾンビ

ドラマや映画に出てくるゾンビではない。Chalmersによる意識の思考実験に出てくる、外面的には普通の人間と全く同じように振る舞うが、意識を持たない仮想的な人間のこと。哲学的ゾンビが実際にいるという主張ではない。

本書では意識は受動的なものと考えるため、意識があってもなくても人間の外面は変わらないという点で、哲学的ゾンビが引き合いに出されるかもしれない。しかし人間の脳の機能的なはたらきの内容が人間の内面に現れ来る（現象する）のが意識であるとする本書の主張によれば、意識は人間の内面に存在することになり、したがって我々は哲学的ゾンビではない。

参考文献

甘利俊一『脳・心・人工知能』講談社（2016）
井上智洋『人工知能と経済の未来』文藝春秋（2016）
稲垣良典『トマス・アクィナス』講談社（1999）
植村玄輝他『現代現象学』新曜社（2017）
大森荘蔵『時間と自我』青土社（1992）
門脇俊介『フッサール』NHK出版（2004）
倉田剛『現代存在論講義I』新曜社（2017）
斎藤慶典『フッサール　起源への哲学』講談社（2002）
三枝充悳『世親』講談社（2004）
鈴木貴之『ぼくらが原子の集まりなら、なぜ痛みや悲しみを感じるのだろう』勁草書房（2015）
戸田山和久『哲学入門』筑摩書房（2014）
銅谷賢治『SGCライブラリ60　計算神経科学への招待』サイエンス社（2007）
理科学研究所脳科学総合研究センター『つながる脳科学』講談社（2016）

西脇与作他『入門　科学哲学』慶應義塾大学出版会（２０１３）
永井均『なぜ意識は実在しないのか』岩波書店（２０１６）
野田又夫他『デカルト』中央公論社（１９６７）
前野隆司『脳はなぜ「心」を作ったのか』筑摩書房（２０１０）
松田雄馬『人工知能の哲学』東海大学出版部（２０１７）
松本浩治『デリダ・感染する哲学』青弓社（１９９８）
宮原勇『図説・現代哲学で考える（心・コンピュータ・脳）』丸善（２００４）
八木厚夫「現象的意識の存在論的意味」日本科学哲学会第52回年次大会（２０１９）
Baggini J. and Fosl P. S. *The Philosopher's Toolkit*. Wiley-Blackwell (2010)
Chalmers. D. J. *The character of consciousness*. Oxford University Press (2010)
Corballis. M. C.　鍛原多恵子［訳］『意識と無意識のあいだ』講談社（２０１５）
Crane. T.　植原亮［訳］『心の哲学』勁草書房（２０１０）
Crick. F. H. C.　中原英臣［訳］『ＤＮＡに魂はあるか――驚異の仮説』講談社（１９９５）
Dainton. B. *The phenomenal self*. Oxford University Press (2008)
Davidson. D. H. Actions, Reasons, and Causes. *Journal of Philosophy*, 60 (1963)
Dennett. D. *Brainstorms: Philosophical Essays on Mind and Psychology*. MIT Press (1981)
Hebb. D. O. *The Organization of Behaviour*. John Wiley & Sons. (1949)

Kitamura. T, et.al. Engrams and circuits crucial for systems consolidation of a memory, *Science*, 07 Apr. Vol. 356, Issue 6333, pp. 73–78 (2017)

Kurzweil. R.　ＮＨＫ出版［編］『シンギュラリティは近い』ＮＨＫ出版（２０１６）

Merleau-Ponty. M. *Le visible et l'invisible*, texte etabli par C. Lefort, Paris, Gal1imard. (1964)

Nagel. T. What Is it Like to Be a Bat?, *Philosophical Review* (1974)

Northoff. G.　高橋洋［訳］『脳はいかに意識をつくるのか』白揚社（２０１６）

Priest.S.　河野哲也他［訳］『心と身体の哲学』勁草書房（１９９９）

Quine.W. *The Nature of Natural Knowledge*, in *S.Guttenplan (eds.), Mind and Language*, Oxford U. P., (1975)

Raichle, et. Al. A default mode of brain function. *Proceedings of the National Academy of Sciences of the United States of America*, 98, (2001)

Rumelhart. D. E and McClelland. J. L. *Parallel Distributed Processing*. MIT Press (1966)

Shimojo, S. Postdiction: its implications on visual awareness, hindsight, and sense of agency. *Front Psychol. 2014*; 5:196. Published online 2014 Mar 31.

Turing. A. *Computing Machinery and Intelligence*, Mind (1950)

八木　厚夫（やぎ　あつお）

1943年福井市生まれ。理学博士（学習院大学）。半導体LSIの研究・開発に従事。1982〜1983年、米国コーネル大学客員研究員。2007年〜、半導体ビジネスコンサルタント、エッセイスト。

出版著書：
『若狭の記憶』（木耳社　2009）
『難中之難無過斯の研究』（木耳社　2010）

エピステミック劇場の観客
— 意識の宿るところ —

2021年12月10日　初版第１刷発行

著　　者　八木厚夫
発 行 者　中田典昭
発 行 所　東京図書出版
発行発売　株式会社 リフレ出版
〒113-0021　東京都文京区本駒込 3-10-4
電話 (03)3823-9171　FAX 0120-41-8080
印　　刷　株式会社 ブレイン

ISBN978-4-86641-473-7 C0010
Printed in Japan 2021